SHIRLEY MacLAINE

MON GUIDE EN LAISSE

Exploration de la réalité et de l'amour

Traduit de l'américain
par Mathieu Fleury

Copyright © 2003 Shirley MacLaine
Titre original anglais : Out on a leash
Copyright ©2005 Éditions AdA Inc. pour la traduction française
Cette publication est publiée en accord avec Atria Books, une division de Simon & Schuster, Inc. New York, NY

Traduction : Mathieu Fleury
Révision linguistique : Véronique Vézina
Révision : Nancy Coulombe
Infographie : Sébastien Rougeau
Graphisme de la page couverture : Sébastien Rougeau
Photos de la couverture : David Weininger
ISBN 2-89565-227-9
Première impression : 2005
Dépôt légal : premier trimestre 2005
Bibliothèque Nationale du Québec
Bibliothèque Nationale du Canada

Éditions AdA Inc.
1385, boul. Lionel-Boulet
Varennes, Québec, Canada, J3X 1P7
Téléphone : 450-929-0296
Télécopieur : 450-929-0220
www.ada-inc.com
info@ada-inc.com

Diffusion
Canada :   Éditions AdA Inc.
France :   D.G. Diffusion
                    Rue Max Planck, B. P. 734
                    31683 Labege Cedex
                    Téléphone : 05.61.00.09.99
Suisse :   Transat - 23.42.77.40
Belgique :   D.G. Diffusion - 05.61.00.09.99

Imprimé au Canada

Participation de la SODEC. ꙅODꙅC

Nous reconnaissons l'aide financière du gouvernement du Canada par l'entremise du Programme d'aide au développement de l'industrie de l'édition (PADIÉ) pour nos activités d'édition.
Gouvernement du Québec - Programme de crédit d'impôt pour l'édition de livres - Gestion SODEC.

Catalogage avant publication de Bibliothèque et Archives Canada

MacLaine, Shirley, 1934-

    Mon guide en laisse : exploration de la réalité et de l'amour
    Traduction de : Out on a leash.
    ISBN 2-89565-227-9

    1. Relations homme-animal.   2. Amour.   3. Réalité.   4. Chiens - Aspect psychologique.
I. Titre.

QL85.M3214 2005   304.2'7   C2004-941976-5

*À Allene, qui a soufflé dans les ailes de Terry ;
à Mort, qui m'a toujours comprise ;
et à Terry, qui m'aide à vivre dans la lumière,
dans l'expression de nos sentiments réciproques.*

« Tout le savoir, la somme de toutes questions et réponses, se trouve dans le chien. »

— Franz Kafka

« J'ai expliqué à saint Pierre que je préférais demeurer ici,
Devant les portes du Paradis.
Je ne nuirai à personne, je n'aboierai pas,
Je serai la patience, je m'attarderai là.
Je t'attendrai ici, mordillant un os d'étoile,
Jusqu'à ce que vers moi tu arrives enfin.
Tu me manquerais trop si j'y allais seul
Et ce ne serait pas ici le Paradis. »

— Auteur inconnu

Introduction

Lorsque nos enfants grandissent et quittent le nid pour fonder leur propre famille, lorsque le passé devient le souvenir de ce que nous ne sommes plus, il nous faut inventer un avenir nouveau. C'est le moment de la véritable liberté ; nos choix sont enfin faits librement ; nous ne subissons plus les déchirements de l'attente, de l'ambition et de la rivalité. Nous avons atteint ce que j'appelle le véritable âge de raison. Nous pouvons choisir de vivre pour nous-même et non plus pour les autres. Nous pouvons consacrer notre temps à explorer l'harmonie qui règne en nous et à embrasser le savoir que notre ancienne vie trop trépidante nous empêchait d'effleurer.

En ces temps perturbés, le chaos de la vie citadine, la peur du terrorisme et l'avènement de la culture technologique m'ont poussée à revoir ce que devrait être la vie.

Submergée par l'incessant torrent d'informations et de désinformations des médias et de nos dirigeants, j'ai réalisé que ce flot continu érodait tranquillement mon esprit. Je m'éloignais de jour en jour de ma propre vérité intérieure. Je ne réalisai pas cela tout d'un coup. Mais l'important n'est pas là : l'important est d'en avoir finalement pris conscience.

Il y a bien des années, j'ai décidé de m'installer définitivement sur une ancienne concession espagnole de 3 300 hectares, devenue une ferme d'élevage, dans la région de Santa Fe au Nouveau-Mexique. C'est un endroit paisible où le silence est parfois assourdissant, un lieu habité par des énergies ancestrales qui m'interpellent dans des langages souvent inexprimables. Je vis là avec des gens aimables qui s'occupent de moi, des amis qui viennent et restent, ainsi qu'avec neuf chiens, trois chevaux, des canards, des hordes d'oiseaux, un étang, des ruisseaux, des cerfs, des élans, des ours, des couguars, des coyotes et Dame Nature, hôtesse des plus magnifiques végétaux. Mais de toutes ces splendeurs, celle qui m'est la plus chère sur ce ranch, c'est ma petite chienne, Terry.

J'ai « apprivoisé » Terry à Malibu, en Californie. J'ai vécu cinquante années de ma vie dans cette ville, véritable porte tournante de l'industrie cinématographique, et j'y garde aujourd'hui un pied-à-terre. La relation entre Terry et moi a grandement gagné en profondeur durant les années qui furent nécessaires à me convaincre de quitter Malibu pour les hauteurs désertiques du Nouveau-Mexique. Les événements qui transfigureront nos vies nous apparaissent souvent à travers des révélations et, de ce fait, je me suis levée un matin avec la conviction inébranlable que la ville n'avait plus sa place dans ma vie. C'est ainsi que je me suis lancée dans une nouvelle aventure qui m'amènerait à comprendre que c'était *Terry* qui m'avait apprivoisée.

Ce livre est une invitation à écouter la mélodie spirituelle de l'existence, à cette symphonie de l'être qui m'a redonné la foi en l'avenir, qui m'a ouvert les yeux à ce que la vie pourrait être sur cette planète. Il puise son message à la source de la vérité telle que je la conçois, de cette vérité qui m'a été dévoilée dans un regard canin. Aujourd'hui, je vois et je vis l'amour différemment. J'ai connu les plaisirs de l'amour avec mes enfants, mes amis, mes amants, mon époux, par le biais du travail, de la créativité, de la célébrité, des voyages, du succès, de l'argent, de la politique, de la controverse et il m'a même été donné de voir ces plaisirs dans les conflits et les luttes. Mais je vois dans l'amour qui me vient de Terry l'exaltante confirmation que ce merveilleux sentiment existe dans plusieurs réalités et sous différentes formes. Chacune d'elles vaut la peine d'être découverte et embrassée dans la sagesse, l'humour, la simplicité, le silence et le langage muet du cœur.

Je souhaite ainsi exposer et partager avec vous les vérités que Terry me dévoile, maintenant que je prends le temps de l'écouter. Ses pensées, comme elles me viennent, ne sont pas articulées en paroles humaines, mais bien dans une forme plus pure et directe, dans un langage que je nomme « humanimal ». Je sais que j'atteins des vérités plus fondamentales par les parcelles de savoir que Terry m'offre ; j'ai donc décidé de mettre ici sur papier ses idées dans l'espoir que vous puissiez profiter de la sagesse qu'elles véhiculent.

Ce livre est donc un échange, une conversation entre Terry et moi. Ceux qui partagent leur vie avec un animal et qui vivent en relation intime avec la nature comprendront immédiatement. Si vous n'avez pas permis à un animal ou à la nature de vous « acquérir », le voyage jusqu'à l'essence de votre être prendra un peu plus de temps. Mais qu'importe l'itinéraire choisi, ce voyage est le seul à en valoir vraiment la peine.

Les réponses que nous cherchons,
c'est à nous de les créer.

Shirley

Ai-je découvert que j'étais capable d'amour inconditionnel ? Parfois, étendue sur mon lit avec Terry dans mes bras, je suis éblouie par les merveilles que m'offre ce simple instant. Par sa présence, le rythme de mon existence n'est plus saccadé. Elle me fait comprendre que le temps n'est qu'une invention de l'homme ; elle m'emporte dans un univers où tout le savoir est compris dans le moment présent. Sa tolérance m'apporte la paix. La liberté de son esprit me donne courage. Son espièglerie m'amuse bien plus que les plus grandes comédies. Terry partage ma vie comme si elle naviguait sur un cours d'eau familier, comme si elle l'avait déjà vécue, et elle connaît mes pensées comme si elles étaient siennes. Nous communiquons dans un jeu parfois badin, parfois très sérieux, car nous réalisons toutes deux que dans ce jeu, je trouverai une capacité renouvelée à ressentir et à accepter l'amour, sans crainte ni réserve.

Dans ma vie, je me suis liée d'amitié avec beaucoup de femmes. Je les appréciais surtout pour la sagesse qu'elles démontraient en laissant simplement les autres exister, en les respectant tels qu'ils étaient. Ces femmes connaissaient la force de la patience et le pouvoir de l'humilité. Mais je n'ai jamais eu une amie comme Terry. Avec elle, je me sens chez moi. Elle est ma confidente et m'amène à me découvrir dans le plus intime des voyages d'exploration. Elle m'a invitée sur le long chemin qui mène à un autre monde, celui du bonheur et de la paix intérieure. Le bonheur me vient de ce que j'ai découvert et la paix intérieure provient de ce que je ne voyais pas auparavant.

Terry est étendue avec moi et je comprends pour la première fois ce que veut dire « pleurer de joie ». La pureté de son être m'apaise et sa chaleur me réconforte. Sa respiration constante veut me rappeler que Dieu a créé un tel réflexe pour que nous ne soyons pas sans cesse obligés de tout contrôler pour survivre ; il nous est possible, simplement par le fait d'être, d'évoluer.

Lorsque Terry s'agite dans son sommeil, je ne peux m'empêcher de sourire. Lorsque je sais qu'elle gambade dans ses rêves, il naît en moi le désir de la rejoindre et je me demande si elle garde, le matin venu, un souvenir de ses aventures dans les bras de Morphée. Je souhaiterais comprendre les dimensions de sa vie comme elle comprend les dimensions de la mienne. Elle semble toujours me parler, me faire remarquer ce qui m'aurait échappé ou me dévoiler une vérité que je refuse de voir dans mon monde.

Lorsque je me sépare de Terry, c'est pour moi comme revenir à la case départ. Je veux être à la maison, auprès d'elle, là où je la sais prête à me confier les secrets de la nuit, à me divulguer ce qu'elle sait de la lune. Elle attend que je comprenne ma féminité. Elle espère que je quitterai vite ce monde marqué par le yang pour revenir auprès d'elle ; et je sais son attente parfois trop longue. Je me demande où elle se trouve. Est-elle assise sur le pas de la porte ? Est-elle couchée dans le lit, ses pattes dans les airs ? Se sent-elle seule ? *Pourquoi* l'ai-je quittée pour pénétrer dans un monde si confus, si bouleversé et déséquilibré ? Je pourrais être avec elle et me laisser bercer par sa présence, être auprès d'un être vivant dans une relation d'acceptation totale.

Terry a tissé son esprit plein d'entrain à la fibre même de ma vie. Je l'étreins avec mon cœur. Elle *est* ce cœur qui bat dans ma poitrine ; elle *est* une part de mon âme. Terry joue dans les ombrages de mes soucis et les éclaire de ses caracolades enjouées. Pourquoi ne me suis-je jamais sentie ainsi auparavant ? Je ressens à la fois l'exaltation et la honte, car j'ai connu tant de gens, je me suis offerte puis refusée à tant d'autres et, cependant, ce n'est qu'aujourd'hui que je connais la paix dans mon cœur. Ce monde d'avant se demande parfois où je m'en suis allée. Que fait-elle ? Avec qui est-elle ? Pourquoi a-t-elle disparu ? Mais ma question est plutôt : « Pourquoi ne suis-je pas inquiète d'avoir disparu ? »

Je me sens loin des gens de cette vie antérieure, sauf de mes amis les plus proches. Pour ce qui est du reste, je sais n'avoir rien à faire dans leurs conversations calculatrices et leurs jeux de pouvoir. Je ne suis pas particulièrement intéressée par leurs prouesses lucratives,

par leur course à l'accomplissement et par leur existence
vécue selon des règles édictées. Je commence même à
trouver ennuyant leur sujet de conversation de prédilection : le vieillissement. Je ne fréquente pas les gyms et
fuis les séances d'entraînement ; pour ce qui est de la
beauté, plus j'apprends à m'aimer, plus je deviens belle.
Je trouve *mon* intérêt dans les promenades, ces moments
où chacun de mes pas ajoute à un bonheur certain. Ma
santé, j'y vois en réduisant la quantité des aliments que je
prépare et en pratiquant avec modération des exercices
physiques. C'est ainsi que je me sens bien. Je m'intéresse
à soigner la peau de mon corps et celle de mon visage, car
mon enveloppe corporelle adore que je lui porte des
attentions particulières. Eh oui, je suis intéressée à aimer
mon milieu de vie et la personne que je suis dans ce
milieu. Ici, Terry m'aime et m'accepte, parfois avec un
soupçon de tristesse pour ce que je ne comprends pas et
avec une joie constante pour ce que je comprendrai peut-
être prochainement.

Terry

Ma Mère et Maîtresse est tellement sérieuse parfois. Elle pense trop. Elle se pose trop de questions. Ma mère canine m'a laissée aller vers ma MM pour que je lui apprenne qu'elle en sait déjà beaucoup plus qu'elle ne le pense. Cette existence a de bons côtés : ma Mère et Maîtresse m'appelle Twinklebutt (Popotin scintillant), Sparklefeet (Patte d'éclair) et Honeyhonk (Klaxon mielleux). Et elle peut se laisser aller et s'amuser avec moi, même si elle veut comprendre pourquoi elle le fait. Je tente de lui dire que le bonheur, c'est tout ce qui compte.

Mes journées sont merveilleuses avec ma MM. Elle ne me gronde presque jamais et, lorsqu'elle le fait, c'est que j'ai décidé de la provoquer. J'aime la faire réagir, la faire sortir de ses gonds : elle peut être vraiment mignonne lorsqu'elle est en colère. Elle se sent toujours coupable de m'avoir sermonnée ; j'aime particulièrement utiliser ce sentiment pour lui apprendre des choses. J'utilise aussi, pour ces enseignements, toutes les émotions qu'un enfant pourrait susciter chez sa mère.

Ma MM se soucie beaucoup de mon bien-être. Pour la nourriture, elle me donne tout ce que je désire ; c'est pourquoi mon Popotin Doré prend parfois trop de place pour qu'on me glisse sous les sièges d'avion. Elle m'amène presque partout avec elle. Elle me conduit en voiture pour des sorties que j'adore. Je joue à attraper mon ombre où qu'elle soit, ce qui ne manque pas d'intriguer MM. Elle ne comprend pas vraiment ce qu'est une ombre. Je devrai lui apprendre.

Lorsque je suis en voiture, j'aime me jeter à la fenêtre, en jappant et en grognant. Je fais cela non pas pour moi, mais pour amuser ma MM et tester sa capacité de concentration lorsqu'elle conduit. J'ai remarqué qu'elle prend bien soin de me retirer ma laisse lorsque je monte en voiture pour éviter que je me pende par accident. Je sais que nous ne mourrons jamais, ce ne serait donc pas un problème pour moi, mais elle évite soigneusement de m'exposer à tout ce qui pourrait me mettre en danger. J'ai connu ma MM bien avant cette existence, dans une vie antérieure. C'était en Égypte. J'étais le dieu animal Anubis et elle était une princesse, une mortelle. En tant que déité investie du savoir de l'après-vie, je présidais sur un trône orné d'animaux et de hiéroglyphes peints. Ma MM s'assoyait à mes pieds et me questionnait constamment sur la nature de la vie et de la mort. J'ai tenté de lui enseigner ces vérités dans cette existence, mais son savoir resta incomplet ; je m'évertue donc à nouveau dans l'existence présente à compléter son éveil. (En Égypte ancienne, les humains étaient obsédés par les mêmes questions sur la vie et la mort que les gens d'aujourd'hui, bien que le savoir égyptien fût bien plus poussé ; de nos jours, les humains sont aveuglés par leurs suspicions et leur cynisme.)

J'ai dit à MM que ma vie présente durerait dix-huit années humaines. C'est un nombre chargé de bonnes énergies, car huit et un font neuf. Sait-elle que le chiffre neuf symbolise l'achèvement ? Moi, j'en suis consciente. MM vivra bien d'autres années après mon départ et ce sera grâce à moi : je vais lui offrir le présent de la simplicité. C'est la raison de ma présence dans sa vie : pour chasser tout ce qui n'est pas la joie simple et le bonheur pur.

J'ai observé ma MM longtemps avant de décider du jour de ma naissance. Mon voyage avec elle a commencé lorsque nous nous sommes rencontrées dans une animalerie de Malibu. Elle passait devant la boutique, en route pour faire des emplettes. Je pouvais voir que la grande question qui tracassait sa petite tête d'humaine était la nature de l'amour. Je savais qu'il était temps qu'elle m'achète ; je l'ai donc invitée dans la boutique. « Entre dans l'animalerie. Entre dans l'animalerie. » Lorsqu'elle y a mis les pieds, j'ai commencé à danser avec mes pieds d'éclair en faisant rouler mon petit popotin dans ma cage. Je savais qu'elle avait été danseuse dans le passé et je lui ai donc offert mes pas les plus séduisants. Cette danse a définitivement attiré son attention.

Ma Mère et Maîtresse aime à penser qu'elle a l'esprit pratique. Lorsqu'elle a appris que j'étais un terrier à rat, elle a tout de suite pensé que je pourrais lui être utile pour chasser les souris sur son ranch. Elle avait considéré l'acquisition d'un chat pour ce travail, mais craignant qu'il ne soit attaqué par les autres chiens, elle abandonna l'idée. Elle voulait un autre chien, ce qui allait faciliter ma tâche. MM était prête à entendre ma demande : « Adopte-moi et élève-moi ».

Ma MM ne fait rien qui, selon elle, n'a pas son utilité pratique. Bien que certains pensent qu'elle est une bonne actrice et que d'autres croient qu'elle est une bonne danseuse ou chanteuse, aucun de ces éloges ne vaut, à son sens, le compliment d'être une personne pratique. Je l'ai d'ailleurs vue, par souci d'efficacité, choisir de jouer dans des théâtres parce qu'ils étaient près des autoroutes, au détriment de ceux qui offraient une bonne acoustique, au détriment de scènes prestigieuses. Vous comprenez, elle préfère le pratique.

La mère de ma MM était, après tout, canadienne, et les Canadiens ont tendance à être des gens pratiques. Son père, par ailleurs, était du style rêveur, bien que ses rêves ne fussent pas toujours gais. Il avait grandi dans une petite ville de Virginie et, des cieux, j'ai vu qu'il avait la regrettable habitude d'attacher les queues des chats et des *chiens pour les regarder se battre (ce qui peut expliquer pourquoi ma MM a cette fascination pour la paix intérieure). Ma MM est née à la fin d'avril, ce qui fait d'elle un Taureau, un signe de Terre ; cela peut expliquer qu'elle aime avoir les pieds bien sur terre. Certains diraient qu'elle a aujourd'hui la tête un peu trop dans les nuages, mais elle voit même parfois ces nuages et les étoiles qu'ils cachent dans une optique très pratique. Bien qu'elle semble être un des esprits libres de notre époque, elle n'a jamais vraiment relâché toute prise sur les soucis du quotidien et de la condition humaine. Elle s'est toujours débrouillée pour assurer sa survie. Elle croit qu'en grande partie, c'est cela la vie. Mais je sais que la vérité est tout autre et que je dois lui apprendre à se détacher de cette préoccupation primaire. N'allez pas croire que je minimise l'importance de la survie du corps de ma MM, loin de là, mais il est de la plus grande importance qu'elle danse plus souvent sur ses pattes d'éclair et qu'elle prenne davantage le temps de s'asseoir sur son popotin scintillant.*

Shirley

Terry fait partie de ma destinée. Elle m'a attirée dans sa vie au moment opportun. En fait, elle s'est imposée dans ce que je croyais être un rythme de vie bien réglé. Elle a insisté pour m'offrir son amour et a été si adorable qu'il ne me restait d'autre choix que de l'accueillir dans ma vie. Elle m'a ouvert de nouveaux horizons pleins de fleurs, d'abeilles, d'oiseaux et de vers. Elle m'a appris de nouvelles manières de jouer. Elle a apporté un nouveau sens à ma quête. Elle transforme le simple fait de folâtrer avec les insectes en un jeu palpitant. Elle redonne même sa dignité à la mendicité. Elle sollicite des jeux, de la nourriture, des caresses ; elle quémande mes bras, ma cuisse, ma chaleur et mon amour. Et durant tout cela, elle m'apprend par l'exemple.

Terry vit dans la plus complète honnêteté. Elle s'élance et mord dans la vie en jappant, en grognant, en bondissant et en léchant. Elle demande qu'on l'aime sans honte et le rend sans réserve. Elle est mon professeur, mon amie, ma sœur, ma fille et ma mère. Elle fait maintenant partie de moi. Je ne peux pas la laisser seule plus de quelques heures. Je sais qu'elle est, en son âme, autosuffisante, mais je n'ignore pas combien elle apprécie ma compagnie. Lorsque je dois partir à l'extérieur, se demande-t-elle ce qui m'est arrivé ? Je le crois, car je ferais de même.

Le temps n'importe plus, sauf pour me rappeler que je dois retourner auprès d'elle. Comment est-il possible que Terry régisse aujourd'hui mon horaire ? Comment puis-je expliquer que, par la confluence de nos deux âmes, elle me dicte aujourd'hui où je dois vivre ? Comment expliquer que je ne suis plus libre de mon temps, mais que je sais avoir trouvé par ailleurs une véritable liberté ? Je ne voyage plus, à moins qu'un déplacement ne lui plaise. Je ne passe plus la nuit avec des amis, car je sais que l'autre moitié de mon être attend mon retour. Je suis davantage méticuleuse dans mes habitudes, car je dois prendre les siennes en compte : je traîne toujours de l'eau sur moi, car je sais que Terry a toujours besoin de se désaltérer ; je brosse mes cheveux plus souvent, car j'aime souvent brosser *ses* cheveux.

Comment est-il possible qu'une petite âme puisse s'imposer autant dans ma vie, à tel point que je dois modifier les principes mêmes qui sous-tendent mon comportement ? Elle m'a amenée à lire différemment, à penser et à agir autrement. Je me sens aimée sans jugement, sans blâme et sans bornes. Grâce à Terry, je vis l'amour inconditionnel pour la première fois.

Je pense que j'ai connu Terry à une autre époque. Elle peut même être venue cette fois-ci pour m'amener à achever ma quête incessante de vérité et de sens. Peut-être est-elle une messagère de Dieu ? Au cœur de ce petit corps chaud et de cette âme repose peut-être tout ce qu'il me faut savoir sur la vie, la mort et l'Esprit. L'univers se joue-t-il de moi ? Suis-je la victime d'une farce monumentale ? La vérité ne se cache pas, mais elle est parfois difficile à cerner. La VÉRITÉ est-elle ma chienne Terry ; la blague a sans doute un fond de vérité : le mot anglais pour désigner le chien (dog) n'est-il pas une autre façon de nommer Dieu (god) ?

Terry

Ma MM ne cesse de se demander « Qu'est-ce que l'amour ? ». De ce que j'ai pu observer, la plupart des humains ne connaissent pas la réponse à cette question. Ils ne savent pas comment aimer ou aiment pour de mauvaises raisons ; ils se lancent dans ce qui a les apparences de l'amour et de la romance ; ils terminent leur course contre des murs, dont celui des chicanes d'argent. Les questions de ma MM sur l'amour sont la raison de ma présence dans sa vie. Il est intéressant de constater qu'autant les mâles canins que les mâles humains ne tiennent pas de propos très utiles sur le sujet. C'est la femelle des espèces qui semble la plus profondé-ment intéressée par la question.

J'aime profondément ma MM et elle m'aime autant. Mais elle ne sait pas comment vivre ce sentiment. De temps à autre, pour lui changer les idées, je bondis dans ses bras, je traîne ses chaussures et les utilise comme jouets à mâcher, ou alors je fixe la boîte de friandises en os : je tente de la distraire. Mon tour préféré, cependant, est de refuser de sortir de la voiture lorsqu'une tempête de neige fait rage. Je reste assise dans la voiture, frissonnant dans le froid, simplement pour qu'elle s'inquiète de moi plutôt que de ses propres problèmes. Parfois, si elle désire marcher sur la plage sous la chaleur du soleil estival, j'attends que le soleil se couche avant de dire : « D'accord ! Maintenant je suis prête ». Cela ne semble pas l'importuner outre mesure, mais cela lui rappelle que je suis un dieu sous une apparence canine.

J'aime parfois jouer à la princesse (je n'oserais jamais jouer au dieu dans cette existence). Ma MM a pris des arrangements avec une demi-douzaine de restaurants dans différentes villes pour que je puisse m'asseoir à ses côtés tandis qu'elle savoure un délicieux repas « sept services ». Que je sois dans un restaurant à Santa Fe ou dans un hôtel de New York, les gens disent parfois : « Oh !

Voici encore Princesse Terry ». Je demeure assise dans une impassibilité royale, refusant tout os à la viande que le cuisinier peut me préparer dans la cuisine, pour que tous sachent que cet accueil est indigne de moi. Ils pensent tous qu'il est charmant de voir un chien aimer le luxe ; en fait, c'est absurde, car je préfère la nourriture simple des gens ordinaires.

On entend souvent dire que les chiens ont des maîtres et que les chats ont des domestiques. Je suis une chienne à domestiques. Bien entendu, même une princesse comme moi doit prendre garde de ne pas être trop suffisante ; j'insiste donc pour souhaiter la bienvenue à tous les humains que je vois, peu importe leur statut ; l'homme d'État honnête ou le faux mendiant qui escroque les gens dans la rue ont droit aux mêmes égards : je bondis sur eux et leur donne la bise. La plupart du temps, je leur donne un petit coup de dent au nez et ils répondent immanquablement : « C'est drôle, les animaux m'aiment, surtout les chiens. »

Lorsque je veux qu'on me donne plus d'attention, je me mets en position assise, je compose un air grave et je tremble. Ils viennent inévitablement tous à moi ; mon petit truc attire parfois jusqu'à une douzaine de personnes à la fois, s'exclamant toutes : « Oh, pauvre petite bête, pourquoi tremble-t-elle ainsi ? ». Ils me donnent alors une gâterie, ils me caressent ou ils réprimandent ma MM : « Comment la traitez-vous, cette pauvre bête ? ». Bien sûr, je n'ai ni peur ni froid ; je suis prête à enseigner ma prochaine leçon.

J'aime aussi faire des pirouettes pour les gens. Je tournoie sur moi-même deux ou trois fois et j'accepte les compliments. Ils me gâtent et s'extasient devant mon charme canin. Je ne me rappelle pas comment j'ai appris à faire des pirouettes. C'est peut-être en regardant MM danser. Dès que nous recevons des invités, je danse.

Ma Mère et Maîtresse m'a un jour amenée à une soirée très somptueuse où plusieurs femmes assez âgées, couvertes de pierres scintillantes dispendieuses, pensaient qu'il était choquant qu'on ait permis la canine présence d'un invité de ma sorte. Tandis que je m'occupais à parader entre les jambes et les pieds sous une table, j'ai entendu ma maîtresse dire : « Eh bien, mesdames, attendez. Bientôt vous la laisserez manger à même votre assiette. » De fait, peu après, j'ai mangé sur les genoux d'une bonne demi-douzaine de ces dames. Je ne compte plus les pirouettes que j'ai exécutées ce soir-là.

J'aime être adorable, mais la compétition est féroce sur le ranch de ma maîtresse ; c'est un véritable harem canin. Les femelles jouent à la rude avec moi. Néanmoins, je contrôle chaque nouvel environnement, je dirais, en moins de trois minutes : une pour l'esprit, une pour le corps et une pour l'âme.

Mon environnement préféré est certainement le lit de ma MM, où j'adore m'endormir recroquevillée dans ses bras. J'aime aussi la pousser hors du lit avec mes pattes, qui sont devenues très fortes, car MM me fait faire de longues marches. À Malibu, nous marchons sur la plage et, sur le ranch, nous faisons des randonnées en montagne. J'aime aussi laisser ma tête sortir des draps pour me pelotonner contre la joue de ma MM. Elle adore me câliner. Elle enfouit son visage dans ma fourrure et frotte mon ventre avec son nez. Elle aime mon odeur. À mon eau de toilette, elle ajoute une huile persillée, ce qui masque les effluves naturels canins que les humains n'apprécient généralement pas. On dit de mon odeur qu'elle est suave et agréable. J'ai entendu plusieurs des amis de MM le dire.

J'aime protéger ma MM et, parfois, je la défends même dans son sommeil. Je peux entrer dans les rêves de ma Mère et Maîtresse : si elle fait un cauchemar, je peux la réveiller en m'assoyant sur son ventre et en jappant très fort.

Sans mes jappements matinaux, ma Mère et Maîtresse ferait toujours la grasse matinée. Elle aime se mettre au lit vers deux heures du matin et se lever vers dix heures, si bien que ce rythme m'est maintenant devenu tout à fait naturel. Lorsque la sonnerie du réveille-matin retentit sans bonne raison, un rendez-vous ou un autre événement humain, par exemple, je l'ignore, je m'enfonce davantage dans les couvertures, exactement là où ma MM voudrait être si elle n'était pas si anxieuse de faire ce que l'on attend d'elle.

Lorsque MM commence ses exercices matinaux devant la télévision, c'est là que je choisis de sortir sournoisement du lit pour aller sauter sur son dos et mordiller ses cheveux ou lui lécher la nuque — en somme, tout pour l'arracher au débit soporifique du CNN.

J'attrape ensuite l'un de mes jouets. Je sais où tout est caché dans toutes les pièces ; j'ai des jouets sous chaque coussin et sous chaque table. (Je fais la rotation des jouets dans mes cachettes pour que MM ait plus de peine à les trouver.) Si ma première tactique ne fonctionne pas, je bondis dans les airs et lance mes jouets, sachant que MM se détournera du poste pour les attraper. Je n'ai jamais compris l'obsession des humains de savoir tout ce qui se passe dans le monde à tous les jours, surtout lorsque l'on sait que la plupart des nouvelles sont filtrées, manipulées.

Ma MM ne se doute pas des raisons qui me poussent à m'arrêter à toutes les douzaines de mètres lorsque nous marchons. Même si nous faisons le même trajet des centaines de fois, Dieu m'offre toujours plus à voir, à sentir et à comprendre. Je suis heureuse lorsque ma MM remarque une nouvelle petite réalité dans le monde, la libérant ainsi, même l'instant d'une respiration, de ses soucis. Je prends un énorme plaisir à lui faire faire des arrêts fréquents, car je sais que ces pauses l'empêchent de vivre de manière intéressée, de penser seulement au futur et non au présent.

Lorsque ma Mère et Maîtresse m'amène dans la neige ou dans le froid, je suis heureuse d'y aller, mais je ne veux pas toujours enfiler les manteaux qu'elle m'achète ; dernièrement, elle m'a fait le cadeau d'un beau pardessus jaune en laine, d'un gilet écossais et même d'un imperméable. Si je veux sortir avec pour seul habit mon manteau de fourrure naturelle, je n'ai qu'à ramper sous notre vaste lit où elle ne peut m'atteindre pour m'habiller. Elle m'attend toujours et, d'ordinaire, lorsque je sors de ma cachette, elle ne me force pas à porter quoi que ce soit.

N'allez pas penser que je profite de l'amour que ma MM me porte pour m'amuser. Je ne fais rien de tel. Je tente seulement de lui apprendre à exprimer plus simplement sa joie et son amour, à vivre en toute simplicité. Et l'une des meilleures manières pour y arriver est l'humour.

N'avez-vous jamais entendu parler de l'agnostique dyslexique qui ne trouvait pas le sommeil à force de se demander si « Dog » existait ?

Shirley

J'adore la marche. J'ai tellement suivi de programmes d'entraînement intensif à l'époque où je dansais que je suis heureuse, plus je gagne en âge, de pouvoir prendre enfin mon temps. Aujourd'hui, je pratique une marche que j'ai nommée LSD, c'est-à-dire une marche Lente, Soutenue et Détendue. J'apprends à laisser le trajet devenir un voyage. De cette façon, je savoure non seulement la beauté exquise de la nature, mais aussi les plaisirs de la méditation, cette aventure où je passe au tamis mes idées et mes sentiments.

Comme Terry m'accompagne, elle m'apprend qu'il existe plusieurs dimensions à l'existence, des réalités que je n'avais jamais considérées auparavant parce que j'étais obnubilée par le but à atteindre. Lorsque j'ai traversé le nord de l'Espagne (le chemin de Saint-Jacques-de-Compostelle), j'ai réalisé que j'étais atteinte de « superformance », que je calculais mon mérite selon mes accomplissements. J'apprends aujourd'hui à me défaire de cette obsession, et la marche, surtout en compagnie de Terry, m'aide à me guérir. La marche est devenue pour moi une forme de méditation. Je ne peux pas affirmer que j'en suis venue à pouvoir taire toutes mes pensées, mais j'apprécie aujourd'hui une toute nouvelle expérience durant mes randonnées, celle de simplement *être*. J'apprends cela de Terry.

J'aimerais pouvoir marcher joyeusement sans connaître ma destination. J'aimerais marcher le plus loin possible. J'aimerais marcher, me laisser partir avec ma propre laisse vers un endroit où les pensées et les sentiments peuvent exister pour eux-mêmes : rien d'autre ne compte, il suffit qu'ils existent. Terry, elle, connaît cet endroit. Elle est habitée du sentiment de paix auquel j'aspire. Il n'y a rien comme un chien pour vous aider à vous connaître — et à savoir ce que vous pouvez être.

Lorsque Terry et moi sommes à Malibu, un de nos plus grands plaisirs est de faire de longues marches au bord de l'eau. Je ne suis plus surprise lorsque Terry se met à bondir d'excitation dès que je *pense* à aller à la plage. Elle semble souvent connaître mes pensées avant même que j'en prenne conscience. Le temps que je me coiffe de mon chapeau de soleil, Terry est déjà au bas de l'escalier et court sur le sable. Durant les quelques minutes qui suivent, elle cabriole et jappe jusqu'à ce que je lui lance un objet qu'elle peut prendre en chasse. Lorsque je suis sur le point de perdre l'équilibre, j'exécute quelques pas de « moon walk » pour éviter d'écraser les pattes dansantes de Terry, ce qui ne manque pas de l'exciter davantage.

L'activité de prédilection de Terry sur la plage est de courir après le sable mouillé ; j'utilise donc une cuillère à long manche pour projeter du sable aussi loin que je le peux. Terry s'élance alors comme un éclair poilu, ses pattes touchant à peine le sol, et se tortille dans la brise océane pour attraper tous les grains de sable au vol. Je n'ai nul besoin de me procurer des *Frisbees*, des balles en caoutchouc ou tout autre article offert dans les animaleries. Le sable humide est tout ce dont elle a besoin. Lorsque nous croisons d'autres promeneurs sur la plage, ils regardent, incrédules, toutes les cabrioles aériennes de Terry et s'étonnent de l'aspect rudimentaire du jouet utilisé. Elle aime le sable, par contradiction peut-être, parce que tous les autres chiens affectionnent les balles et les bâtons. Cela ne me dérange pas ; non seulement ce divertissement canin procure un bon exercice pour le haut du corps, mais ce jeu m'évite aussi d'avoir à me pencher pour récupérer un quelconque jouet. D'ailleurs, Terry ne se rabaisserait jamais à rapporter un objet à mes pieds. Un tel acte serait avilissant.

Terry s'arrête sans prévenir, immobile comme une statue ancrée dans le sable, et attend que je la rattrape. Cela me donne l'occasion d'accélérer pour quelques enjambées. J'arrive à la hauteur de Terry, mais je continue dans ma lancée. Elle, pendant ce temps, maintient sa position figée, ce qui m'oblige finalement à me retourner pour revenir vers elle. Elle aime bien interrompre ma cadence.

Lorsqu'un autre chien s'approche, Terry dresse simplement ses oreilles comme des antennes et attend. Si le nouvel arrivant semble amical, Terry se met à battre de la queue comme un métronome qui se serait emballé et s'empresse d'aller jouer avec ce nouvel ami. Si le chien semble menaçant, Terry attend qu'il vienne vers elle, puis se roule sur le dos et rabaisse ses oreilles en signe de soumission. Ce comportement est, dans les faits, une tentative de séduction. Aujourd'hui, elle a permis à un gros berger allemand de croire qu'il était en contrôle pour ensuite bondir sur ses pattes et commencer à jouer. L'énorme mâle a été stupéfait de cette réaction, ce qui l'a dérouté complètement. Elle continue parfois à jouer, mais, cette fois-ci, elle s'est simplement éloignée en trottant, laissant l'énorme berger seul et confus, tel un géant impuissant.

Terry

J'adore jouer sur la plage avec ma MM. Parfois, lorsque je pourchasse le sable, je rencontre des chiens énormes qui m'approchent en quelques grands bonds. Je me renverse toujours sur le dos pour leur laisser croire qu'ils dominent la situation. Mais je maîtrise parfaitement ce jeu. MM le sait bien. Elle ne s'inquiète pas pour moi, car elle sait qu'en définitive, c'est TERRY QUI MÈNE.

Je dois avouer que les gens en uniforme m'importunent parfois. L'autre jour, la police canine est apparue sur la plage. Je savais qu'ils voulaient m'arrêter et m'enfermer à la prison des chiens. Ils n'auraient eu qu'à dire que je n'étais pas en laisse. J'ai donc sauté dans les bras de ma MM pour faire la comédie des tremblements. MM était furieuse ; elle me serrait contre sa poitrine et *criait contre les agents. Elle les traitait de Fascistes et les menaçait de poursuites judiciaires s'ils touchaient à un de mes poils. Ils ont été décontenancés par son attitude et sont partis, me laissant en sûreté avec ma MM. Je lui ai léché le visage et j'ai compris plus que jamais combien elle m'aimait. MM sait, tandis que nous marchons côte à côte dans cette vie, que je suis son guide spirituel et qu'elle se promène au bout de ma laisse… au bout de ma laisse spirituelle.*

Je trouve fantastique de marcher sur la plage à l'heure où le soleil va s'éteindre dans l'eau. Parfois, cela annonce la venue prochaine de la lune. Si elle nous gâte de sa présence ce soir, je m'en servirai pour apprendre à MM d'autres vérités sur la lumière et la réflexion, car, tout est réflexion. Bien que je sois heureuse ici, à Malibu, je suis impatiente de retourner sur le ranch au Nouveau-Mexique. Là-bas, on y trouve d'autres genres de réflexion : les réflexions des arbres et des oiseaux ainsi que des ombrages des montagnes rocheuses et des collines, sans bien sûr oublier les réflexions de ma famille et de mes amis canins. Et, qui plus est, il n'y a pas d'hommes en uniforme sur le ranch.

Shirley

Nous gambadons et jouons au bord de l'eau, mais je suis troublée. On m'a offert un rôle dans un film, or une partie du tournage doit se faire en Irlande du Nord. Le scénario est magnifique et Lord Richard Attenborough est chargé de la mise en scène. Mais je n'ai trouvé aucune manière d'amener Terry avec moi pour ce tournage qui prendra au moins six semaines. Au Royaume-Uni, une période de quarantaine est obligatoire avant de permettre l'admission des chiens. L'ancienne quarantaine de 180 jours n'est plus observée, mais je ne comprends pas très bien la teneur des nouvelles procédures. Même si Terry devait passer seulement deux semaines en quarantaine, je ne crois pas que je pourrais supporter une telle séparation : la seule idée de la savoir en cage pour une unique nuit me brise le cœur.

J'ai communiqué avec l'ambassade britannique, des transporteurs aériens et des vétérinaires, mais de toutes ces personnes, je n'ai pu obtenir aucune réponse claire à cette question : est-il possible d'éviter la quarantaine ? Bien que l'idée soit un brin tirée par les cheveux, j'ai pensé à engager quelqu'un qui ferait le vol avec Terry jusqu'en Allemagne ou en France pour ensuite la conduire jusqu'en territoire britannique. Je souhaiterais, cependant, l'accompagner durant le voyage en voiture, ce qui m'obligerait à gruger une semaine de plus dans mon horaire.

Je sais qu'Elizabeth Taylor a tourné un film au Royaume-Uni et qu'elle y a loué un yacht pour pouvoir travailler et vivre avec sa chienne. Mais je ne peux pas me permettre de louer un yacht. Croyez-moi, je sais que ce plan est peu réaliste ; je dirais même qu'il tient du fantasme. Vais-je réellement permettre à mon chien d'être un facteur déterminant dans ma carrière ? J'ai bien sûr des amis qui prendraient grand soin de Terry, mais je me ferais tant de soucis pour elle, sans parler du lourd sentiment de solitude que *je* vivrais loin d'elle.

Terry accourt en projetant le sable derrière elle et saute dans mes bras. Je vois dans ses yeux qui reflètent le roulement des vagues qu'elle a *saisi* mes pensées. Elle me fixe stoïquement. Elle embrasse ensuite ma main et mordille mes doigts. Loin d'elle, ressentirais-je sa langue me baisant la joue ou sa truffe me poussant la jambe pour ensuite m'apercevoir qu'elle n'y est pas, que je l'ai rêvée ?

Terry

Pauvre MM. Elle est tourmentée ; ses soucis sont comme une cloche dont elle ne peut arrêter le carillon. Je suis tout pour elle, mais il lui est impossible pour l'heure de croire que je puis être aussi partout pour elle. Je peux faire voguer mon esprit sur une vague et l'envoyer de l'autre côté de l'océan, mais je ne désire pas qu'elle le sache pour l'instant. Il est temps pour elle de décider ce qu'est l'amour, ce qu'il signifie. Je sais qu'elle sera si triste sans moi qu'elle ne pourra pas se concentrer sur son travail ; elle se demandera sans cesse : « Terry a-t-elle pris ses vitamines ? Mange-t-elle ? Boude-t-elle sous le lit ? ».

Je n'aime pas que ma MM s'éloigne de moi et, même si je sais que ce n'est pas très délicat de ma part, il m'arrive, lorsqu'elle revient à la maison, de trouver des manières de lui communiquer mon déplaisir, afin qu'elle y pense à deux fois avant de me quitter de nouveau. Ainsi, je me détourne si elle me caresse ou je dors en lui tournant le dos durant la sieste. En fait, je ne ferai plus rien avec elle avant qu'elle n'ait compris mon reproche. Je sais que cela l'attriste, mais je n'aime vraiment pas qu'elle parte. À une occasion, pour montrer mon mécontentement, j'ai fait une crotte sur son tapis blanc, même si elle avait pensé à me laisser l'accès à l'extérieur. Elle s'est réellement fâchée, ce qui m'a fâchée à mon tour, alors qu'aucune d'entre nous n'aurait dû être en colère.

Ma MM m'a quittée une fois durant deux jours complets. Elle avait des affaires très importantes à régler et elle ne pouvait pas m'amener avec elle. Sa femme de ménage, Nellie, était occupée à l'autre bout de la maison et moi, je me trouvais sous notre grand lit, boudeuse et misérable. J'ai donc décidé de dire à Nellie comment je me sentais. Me servant du langage de l'âme, j'ai crié très fort : « Dis-lui NON. Je suis sérieuse ! NON ! »

Nellie était complètement apeurée, car elle croyait qu'un intrus se trouvait dans la maison. Elle vint en courant dans notre chambre à coucher et regarda autour d'elle. Je hurlai à nouveau : « Dis-lui de ne plus jamais partir aussi longtemps ! »

Nellie, terrifiée, s'enfuit.

Au retour de MM, Nellie lui raconta ce qui était arrivé. Elle lui dit avoir entendu un fantôme. Mais MM savait que c'était moi — et elle ne m'a plus jamais quittée durant une aussi longue période. C'est la pure vérité !

Et je recommencerai si elle ne peut pas m'amener en Irlande du Nord. Je ferai un « NON » si sonore qu'elle l'entendra par-delà l'océan. Mais je n'ai pas à m'inquiéter outre mesure pour l'instant, car je sais que le producteur du film a toujours des problèmes à trouver les fonds nécessaires pour ses productions.

Lorsque ma Mère et Maîtresse part quelques heures sans moi, j'apprécie qu'elle me dise ce qu'elle aimerait que je fasse durant son absence, garder la maison ou m'assurer que tout est paisible dans la demeure. Cela m'occupe. J'essaie d'ordinaire de rester en contact avec elle lorsqu'elle est sur la route, car, comme je l'ai dit plus tôt, j'aime me balader en voiture avec elle. Lorsqu'elle est sur le point d'arriver à la maison, je le sens et, deux *kilomètres avant son arrivée, je me poste à la porte pour lui faire croire que je l'ai attendue là durant toute son absence.*

MM lève les yeux vers
Dieu. Elle devrait baisser
son regard vers moi. Je suis
CELLE qui sait.

Statue d'Anubis.

Oui, je suis Anubis.

« Oh, grande sage du Savoir
Ancien », me dit MM.

Voici une pirouette aérienne.

Voyez-vous mon incroyable capacité thoracique? Je suis une haltérophile.

J'attends la venue d'un berger allemand rétif.

C'est ce qu'on appelle un « Grand jeté »
dans les termes de ballet.

Ceci est « la chasse aux mouettes » en langage de la plage.

On appelle cette position
« le chien bas» dans le
yoga Ashanga.

MM croit que je ne peux pas sauter jusqu'à ces marches.
Quelle bêtise !

Vous voyez bien qu'il n'y a rien de trop haut pour moi.

Je commande même le soleil.

Mon avenir est assuré.

Nous rêvons à une époque lointaine.

J'aime toujours paraître plus grande et plus longue.

Mon trône sous l'arbre de la connaissance du Bien et du Mal.

Je scrute le passé.

Je suis une experte de la conduite automobile.

J'aime convaincre MM
que je quémande.

Aurai-je du dessert plus tard ?

Sheba est une magnifique femelle, mais elle se fait vieille.

Daisy est plus vieille que moi, mais très gentille.

Daisy attend que je sorte pour lui donner des ordres.

Daisy et Sandy,
parlant de bécots.

Un œil foncé et un œil
bleu. Spooky pense
encore pouvoir me
séduire.

Ils finissent tous
par m'obéir.

Ma MM est sur le point de se plonger le visage dans le cours d'eau.

La félicité à la maison.

Shirley

Je crois que je comprends la vie intérieure de Terry — ses joies et ses peines — même si c'est un animal. Cependant, il y aura toujours un côté insaisissable à son être. Terry n'a peut-être pas la capacité d'étudier les sciences physiques ou de peindre une toile, mais je suis persuadée qu'elle pourrait retrouver son chemin jusqu'à moi, même si elle devait parcourir le pays d'un bout à l'autre. Qu'est-ce que l'intelligence ? Terry est capable d'une tranquillité remarquable et, selon les philosophes hindous, la tranquillité est l'émotion suprême, car elle repose sous toutes les autres émotions, attendant qu'on la découvre. Terry m'invite à vivre intensément et à apprécier la pureté de chaque moment. Elle me permet de chasser l'ambivalence intellectuelle et émotionnelle qui me tiraille. Je me suis toujours considérée comme une personne claire et honnête, mais je ne suis qu'une néophyte devant la maîtrise que démontre Terry.

Les langues anglaise et française regorgent d'indications sur l'importance que nous donnons aux chiens. Ne disons-nous pas d'une femme à la fière allure qu'elle « a du chien » ? En anglais, celui qui n'est pas le favori dans un combat est un « underdog » et il est dit que les hommes vivent dans un monde compétitif où les chiens mangent les chiens (dog-eat-dog world). Ne souffrons-nous pas dans la chaleur des « canicules » (du latin *cunicula* qui veut dire « petite chienne » et qui se dit *dog days* en anglais, c'est-à-dire les jours du chien) du mois d'août. L'expression *the tail wags the dog*, « la queue remue le chien », est employée pour dire que les priorités d'une personne sont mal placées. Ne dit-on pas des personnes qui jouent le rôle de victime qu'elles ont un air de chien battu ? Pourquoi nous arrive-t-il de parler de quelqu'un en disant qu'il est un « chien sale » ? Et pourquoi le mot anglais « bitch » ou l'équivalent approximatif français « chienne » sont-ils devenus les insultes humiliantes pour les femmes ? Les chiens n'ont pas seulement conquis nos cœurs, ils ont aussi envahi notre langage en imageant nos expressions.

Les chiens sont importants pour les humains ; il existe de nombreuses preuves montrant que cette profondeur des sentiments est réciproque. Je pourrais vous citer beaucoup d'exemples de chiens qui, après le décès de leur maître, n'ont jamais pu surmonter leur solitude. Il y a ce récit célèbre d'un chien japonais qui avait l'habitude de rencontrer son maître à l'arrêt du train de Shibuya, à Tokyo, tous les soirs après le travail, pour le raccompagner à la maison. Lorsque l'homme mourut à son lieu de travail et qu'il ne revint jamais chez lui, le chien continua à se rendre à la gare pour attendre le train durant quinze années avant de finalement rejoindre son maître au Paradis. Un de mes amis, atteint du virus du SIDA, ne pouvait plus prendre soin de son chien. Il plaça donc son animal dans une famille d'adoption. Le chien s'enfuit et parcourut presque cinquante kilomètres pour revenir auprès de son maître ami. Mon ami le retourna chez ses nouveaux maîtres puis, peu après, il mourut. Le chien quitta ce monde dans les deux heures qui suivirent le départ de son maître.

Lorsque nous revenons d'une marche sur la plage, Terry s'assoit parfois sur le balcon durant plusieurs heures, occupée à sonder l'horizon. Mais que voit-elle ? Peut-elle voir défiler les cycles du temps — ou même par-delà le temps ? Voit-elle des guides spirituels, des camarades de jeu canins ou des membres regrettés de sa famille ? Voit-elle Dieu dans cet horizon ? Est-ce pour cela qu'elle aime à se jucher en hauteur, pour profiter d'une vue plus splendide ? Lorsque le vent souffle, le vent plonge Terry dans la rêverie, comme si elle recevait des messages provenant d'autres dimensions.

Quelles pensées occupent l'esprit de Terry lorsqu'elle pourchasse l'ombre d'une mouette en vol ? Croit-elle que cette ombre est solide ou se précipite-t-elle plutôt sur un moment qui fut jadis mais n'est plus aujourd'hui ? Son intérêt pour les ombres dépasse l'entendement. Elle fait une véritable fixation sur les ombres mouvantes et j'aimerais savoir pourquoi.

Lorsque Terry joue sur la plage avec des amis, elle vérifie toutes les vingt minutes si je suis encore dans les parages ; elle revient vers moi pour me dire qu'elle va bien, pour s'étirer, bâiller et me regarder. Elle veut peut-être me dire : « Je serai patiente et attendrai que tu te joignes à moi dans l'interaction des ombres et de la lumière, car c'est là que je pourrai enfin te montrer tout ce que tu manques ». D'un saut, elle fend les lames d'eau de l'océan baigné de soleil et plonge la tête sous les vagues salées. Elle bondit soudain dans les airs pour attraper l'ombre plongeante d'un pélican pêcheur. Qui est réellement ce petit être velu, cette flammèche de vie ? Durant nos promenades sur la plage, elle se permet parfois de fouiner sous les pilotis des maisons au bord de la mer. Elle vagabonde chez tout un chacun, leur rend visite. Terry me fait découvrir combien la liberté est simple ; cette vérité me réjouit. Je m'émerveille à la pensée que, la nuit d'avant, je serrais la liberté dans mes bras.

Certains de mes amis disent que je perds la tête, que je fabule en parlant de l'intimité que je vis avec cette chienne. Parfois, je leur donnerais raison. Il faut dire que j'ai toujours vécu avec des chiens — des golden retrievers, des bergers allemands, des bâtards, des malamutes, des bergers australiens, des huskies, bref avec de gros chiens. Je n'ai jamais pensé que je pourrais vivre des aventures aussi intenses avec un terrier.

J'ai eu un chien de cette race quand j'étais petite. Elle se nommait Trixie. C'est peut-être son souvenir qui explique l'adoption de Terry. Terry est-elle la réincarnation de Trixie ? Leurs traits sont définitivement similaires, mais il faut dire que, étant toutes les deux des terriers, il serait étonnant qu'elles ne se ressemblent pas. D'une certaine façon, je trouve réconfortant de savoir que tous les terriers, comme tous les flocons de neige, sont comme nous : ils ont en commun la beauté, simplement rehaussée par le caractère unique de chacun. Pourtant cette image me bouleverse quand je pense que la majeure partie du genre humain craint les différences et lutte contre ce qui lui est étranger. Tous les hommes et toutes les femmes doivent réaliser qu'ils ne forment qu'une seule et même entité avec Dieu et que chacune des parcelles de cette entité souffrira si nous ne trouvons pas l'antidote à la séparation. Nous devons recoudre les liens entre nous et, nécessité encore plus grande, avec ce que les Amérindiens appellent « Le Grand Esprit de Tout ce qui Existe ».

Terry

Ma Mère et Maîtresse sait que je « vois » au-delà de la capacité de ses perceptions. Tous les animaux ont cette sensibilité. Nous pouvons entendre les couleurs et voir les sons. Le rouge, l'orange, le jaune, le vert, le lapis-lazuli, l'indigo et le violet : toutes ces couleurs ont une fréquence et nous, les canidés, pouvons entendre les ricochets de ces vibrations. Nous voyons également comment les sons vibrent et nous distinguons la forme que prennent les voix. Nos yeux et nos oreilles sont des instruments réglés avec précision, tout comme nos autres sens. Lorsque l'océan est troublé ou en colère, je le sais. J'entends et je vois la nature, car je suis nature. Mais MM n'est pas dans cet état d'esprit, la pauvre. Elle n'est pas encore, comme moi, une princesse de la simplicité.

Cette paisible manière de vivre est à la portée de tous, mais ma MM et ses amis ont choisi de s'obstiner à faire ce que, selon leur entendement, le quotidien exige d'eux. C'est pour cette raison qu'ils peinent à trouver le sommeil, la nuit venue, et que leur repos est agité. Ne vous demandez plus pourquoi mes amis et moi dormons autant. Nous refusons le stress. Nous sommes en paix. Nous vivons une foule d'expériences en rêve, mais nous ne nous soucions pas vraiment de graver ces visions et ces histoires dans nos mémoires. Nous savons que nous sommes parfaits tels que nous sommes, dignes et fiers. Les humains s'étonnent que nous ne démontrions jamais de rancœur, mais pour nous, aucun acte ne doit recevoir un quelconque pardon. Tout est comme il se doit et nous le savons. Mais il peut arriver que les humains jouent dangereusement avec notre patience. Ils doivent comprendre qu'ils peuvent s'attirer la colère de toutes les forces de la nature. Ils devraient faire particulièrement attention à ce qu'ils jettent à la mer, car un jour cette immensité d'eau entrera dans une terrible colère et ripostera devant l'injure. Ce ne sont pas de vaines menaces, mais la réalité, croyez-moi. D'ailleurs, les hommes ont déjà connu cette grande colère il y a très longtemps.

Nous savons tout à propos des ombres. Elles sont la matière des souffrances humaines : elles envahissent l'homme et assombrissent leur âme. Nous, les canidés, jouons avec les ombres, car elles font partie du grand jeu. La vie est un grand jeu qu'il nous faut vivre pour être heureux. Les humains créent leurs propres angoisses en se plaçant dans l'ombre de leurs peurs, mais ils doivent comprendre qu'ils ont eux-mêmes obscurci leur existence en se plaçant dans leur propre ombre. C'est pourquoi les chiens pourchassent les ombres.

Je dois ajouter que les humains ont une étrange obsession pour le pouvoir et la hiérarchie. Ils ne réalisent pas qu'ils ont vécu des existences antérieures et que, une fois cette vie écoulée, ils en vivront d'autres ; un être qui est à la tête de sa meute redeviendra un chiot, s'accrochant de toutes ses forces à la vie. Nous comprenons cette rotation des existences : cela explique notre grande humilité.

Nous percevons plusieurs dimensions, le passé, le présent, le futur, et nous savons qu'elles existent toutes en même temps. Ce sont les humains qui ont inventé le temps pour éviter le présent. Pour nous, vivre dans le moment présent est tout ce qui importe. C'est si simple, mais ma MM et l'humanité ne comprennent pas. Comment croient-ils pouvoir trouver le temps de remplir toutes leurs « obligations » alors que le temps n'existe pas ? Je me demande parfois s'ils n'ont pas inventé le temps pour ne jamais manquer de soucis. Je n'aime pas voir ma MM et ses amis se tracasser pour des idioties, comme pour le choix de leur garde-robe. Il est donc normal que je refuse d'enfiler du prêt-à-porter avant d'aller jouer sous la pluie ou dans la neige. La nature m'a dotée de mon propre manteau qui me permet d'être complètement nue tout en étant totalement habillée et protégée.

Les gens sont parfois surpris par la froideur de notre truffe, mais savent-ils au moins pourquoi elles sont si froides ? C'est la nature qui en a décidé ainsi, pour nous refroidir, nous qui vivons sous un manteau à l'année longue. Notre truffe sera chaude seulement si nous sommes malades, un symptôme identique à la fièvre chez un humain. Lorsque ma MM est penchée au-dessus du lavabo, j'aime lui coller ma truffe froide sur les fesses. La surprise réussit toujours à lui arracher un cri.

Tiens, en parlant de derrière, il me vient à l'esprit une douloureuse anecdote. Lors d'une soirée organisée par MM, elle offrit aux convives un copieux repas de côtes levées. Je me mis à quémander pour qu'elle me laisse participer au régal et elle finit par céder. Je grugeai toute la viande que je pus trouver et je mangeai aussi les os. Je fus très malade le lendemain. On ne doit jamais donner aux chiens des os susceptibles de se briser dans leur estomac, même s'ils insistent fortement. Nos os doivent être gros et denses, comme nous les savourions lorsque nous étions des loups et que nous chassions en meute. Ma Mère et Maîtresse fut très inquiétée par mon triste état. Je ne faisais pas mon jeu d'actrice qui tremble, j'étais réellement malade : MM m'amena chez le médecin. Je me souviens que ce médecin prit la journée entière, le visage à quelques centimètres de mon arrière-train, pour retirer les éclats d'os. S'il n'avait pas réussi à les retirer tous, il aurait dû me faire une piqûre, ce que je ne souhaite à personne ; fin de l'anecdote.

J'ai souvent entendu ma MM et ses amis se demander pourquoi les chiens se reniflent mutuellement le derrière. Nous apprenons beaucoup en analysant les odeurs de cette région. Nous pouvons savoir ce que nos amis ont mangé, où ils sont allés dernièrement et même s'ils sont en santé. Cela nous permet aussi de connaître les intentions de nos nouvelles rencontres. J'ai remarqué que, de nos jours, beaucoup de gens à la télé s'appellent entre eux « trou-du-cul » ; je me réjouis à l'idée que les humains commencent enfin à comprendre : l'arrière-train est très important.

Même si nous, les chiens, sommes parfaits, nous avons aussi notre lot de problèmes. Par exemple, lorsque nos mâles lèvent la patte et marquent leur territoire, ils créent des luttes territoriales. Cette pratique de marquage vient des humains et malheureusement nos mâles les ont imités à force de les côtoyer. Si les humains cessaient de marquer leur territoire, ils aideraient nos mâles à se défaire de cette pratique. Rien n'appartient à personne et nous tous, à l'instar de tout ce qui existe, n'appartenons qu'au Grand Esprit Dieu. Nous ne faisons qu'utiliser le territoire. Personne ne peut prétendre le posséder.

Si l'un de mes amis vient manger dans mon assiette, je ne le repousse pas, car il faut partager les richesses communes (bien que je suppose que mon comportement pourrait être différent en temps de famine). Je pense que les humains, plutôt que de dépenser ce qu'ils appellent leur argent pour des armes de protection, devraient utiliser leurs richesses pour nourrir les affamés de ce monde ; ainsi, le ventre plein, personne ne connaîtrait plus jamais la colère ou la peur.

J'ai entendu dire à la télé de MM qu'un enfant humain meurt à toutes les sept secondes, faute de nourriture, et que huit cent millions d'enfants souffrent de malnutrition sur Terre. Cette idée me rend immensément reconnaissante pour le traitement que MM me réserve. Mais les humains ne devraient-ils pas traiter les enfants du monde aussi bien qu'ils soignent leurs chiens ? Dans ce monde inégal, il n'est pas surprenant que tant de gens soient en colère. Lorsque je suis fâchée, c'est principalement parce que j'ai peur. Les humains posent des gestes terribles pour éviter la peur. Mais qu'est-ce qui leur fait peur ? Ils ont peur d'être en situation de manque. Pourquoi ont-ils peur de cela ? Ils ont peur, en étant démunis, de se rapprocher de la mort. Mais la vérité est que rien ni personne ne meurt jamais et cela est l'un des plus grands secrets. Rien ne meurt ; tout change simplement de forme. C'est là la Grande Vérité.

Shirley

Le producteur m'a dit que le tournage du film en Irlande pourrait fort bien débuter durant l'été. J'ai cherché encore une façon de contourner la règle de la quarantaine, mais je n'ai fait aucun progrès à ce jour. Le meilleur conseil que l'on m'a donné est de me rendre à Paris, de laisser Terry aux soins d'un bon vétérinaire qui pourrait exagérer le temps passé avec elle et certifier qu'elle n'a pas la rage. Il nous serait alors possible d'emprunter le tunnel sous la Manche.

Terry a ses habitudes et je ne peux les ignorer ; je ne veux pas que Terry ait à s'habituer à des absences prolongées, en supposant qu'elle en soit d'abord capable. Pour être honnête, je souffre moi-même d'une forme sévère d'anxiété « post-présence-canine ». Jamais je n'aurais cru être aussi gravement atteinte.

Durant mes divers voyages autour du monde, j'ai toujours préféré voyager seule pour la liberté de mouvement et de décision que cela permet. Je pouvais ainsi partir d'une soirée sur un coup de tête ou rester à une fête jusqu'à saturation festive. La vie était alors une aventure dictée par ma spontanéité et remplie d'innombrables imprévus. Je voyageais donc léger. Comme mon père le disait souvent : « Celui qui voyage seul se rend plus vite. »

Lorsque j'ai dû quitter des personnes importantes dans ma vie, je savais qu'eux et moi souffririons de cette séparation, mais qu'éventuellement nous reprendrions le cours de nos existences respectives. En couple, je savais, malgré ce que nous pouvions penser, que nous n'étions pas dépendants l'un de l'autre, ce qui n'est pas le cas avec Terry. Je suis maintenant dépendante de l'amour qu'elle m'apporte et qu'elle fait naître en moi. Je ne veux pas m'éloigner de cette balise d'amour.

Le producteur du film me dit maintenant que le tournage commencera en mai, juste après les fêtes de

Pâques. Il me vient à l'idée d'insérer la clause suivante dans mon contrat : « Le producteur reconnaît et respectera la dépendance de l'actrice à sa chienne, Terry. » La production devrait alors s'assurer de la présence de Terry.

Terry

Peut-être devrais-je jouer à la star hollywoodienne, moi aussi. Voici mes exigences : j'exige d'être inscrite sur le contrat de ma MM et je veux un aller-retour outre-mer en première classe.

Shirley

Rien n'est plus triste pour un chien que d'être laissé seul. D'ailleurs, plusieurs experts canins affirment qu'il n'existe aucun équivalent, dans l'expérience humaine, au degré de solitude vécu par un chien isolé. Terry a besoin de s'exprimer ; elle a besoin qu'on lui parle. Elle a besoin de toucher et de se faire toucher. Elle a besoin d'aimer et d'être aimée. Je sais que cela est aussi vrai pour les humains, mais pourquoi ne pas reconnaître aux chiens les mêmes besoins ?

Terry peut vivre heureuse dans deux mondes : le sien et le mien. Cette capacité d'adaptation la rend bien plus intelligente que je ne le suis, bien que je fasse certains progrès en ce sens. Terry perçoit le monde à des niveaux que je ne peux comprendre. Si nous parlons des cinq sens habituels, elle est mieux équipée que moi pour certains, mais pour d'autres, je la dépasse. Un chien, par exemple, n'a qu'une papille gustative pour six papilles humaines, ce qui explique que les chiens peuvent manger la même nourriture à tous les jours et s'en contenter. Je sais que les chiens ont des aliments préférés et j'enfile volontiers le chapeau de cuisinière en chef pour Terry, mais elle n'est pas difficile. Elle mange de tout, sauf les fruits qu'elle déteste.

La vision du chien est comparable à celle des humains, bien qu'un peu moins aiguisée. Les yeux des chiens sont beaucoup plus sensibles aux mouvements que les nôtres, ce qui les rend plus susceptibles d'être surpris. Les chiens ont parfois peur de ce qu'ils voient. Un jour, Terry s'est mise à japper durant des heures en fixant une statue du Bouddha que je garde chez moi sur un meuble. Avait-elle peur de la statue ou sentait-elle quelque chose de familier dans cette icône ? Elle désirait peut-être simplement communiquer avec Bouddha.

L'ouïe des chiens est bien meilleure que celle des humains ; ils peuvent percevoir des sons à une distance quatre fois supérieure. Terry s'arrête souvent lorsqu'elle marche, une patte levée, indiquant qu'elle a entendu un bruit trop distant pour que je puisse l'avoir perçu. Les oreilles de Terry peuvent bouger indépendamment, ce qui lui permet de mieux cibler son écoute. Un chien est capable de localiser la source d'un son en seulement six centièmes de seconde. C'est pourquoi je vois si souvent Terry s'immobiliser pour immédiatement s'élancer dans une direction spécifique.

Enfin, il est bien connu que les chiens sont capables de percevoir des sons beaucoup plus aigus que notre système auditif ne nous le permet. L'ouïe fine de Terry facilite ses recherches pour trouver des suisses, des écureuils et d'autres rongeurs qui émettent des signaux à hautes fréquences. Terry peut entendre un orage venir bien avant moi. Elle sent peut-être aussi l'électricité dans l'air. Je me demande si elle peut entendre les poissons nager.

Le sens du toucher du chien est également très développé. Tout le corps de Terry est couvert de terminaisons nerveuses. Les chiens sentent les flots d'air passer dans leurs « moustaches » dispersées sur leur visage. C'est grâce à ses poils ultrasensibles que Terry peut sonder l'infini de l'océan. Sent-elle les dauphins et les baleines ?

La relation entre les émotions et les expériences sensorielles des chiens leur permet d'être en constant contact avec leur noyau émotionnel, le réceptacle qui contient l'énergie de toutes les gammes d'émotion. Ce contact privilégié explique que nous voyons les chiens ressentir un éventail varié d'émotions en l'espace d'une seule journée. Le monde sensoriel du chien est riche et il doit cette richesse à son contact incessant avec ses émotions profondes.

Je crois qu'en tant qu'humains, notre meilleur indicateur de moralité est notre attitude envers ceux qui sont totalement à notre merci, à savoir les animaux. Je suis de plus en plus convaincue que l'amour pour un chien est aussi, sinon plus important, que tout amour pour un homme ou une femme, car l'amour éprouvé pour un animal est complètement volontaire et désintéressé. Terry me rend ouvertement l'amour que je lui porte et le fait avec tant d'acharnement que cela repousse les limites de ce que deux humains peuvent ressentir l'un pour l'autre. Il est amusant de penser que j'ai porté un très grand intérêt à la vie sur d'autres planètes et que je n'ai pas encore commencé à comprendre la vie extraterrestre présente dans mon propre monde.

Terry

Nous jouons bruyamment une dernière fois sur la plage avant de retourner au ranch pour Pâques. Je me rue une fois de plus dans les vagues et je poursuis les ombres d'un escadron de mouettes. Je décide de ne pas déterrer les restes des pique-niques abandonnés dans le sable et je ne lape pas l'eau salée, même si j'ai soif ; MM dit que ce n'est pas bon pour moi. Nous devons bientôt nous rendre à l'aéroport. MM fait demi-tour pour regagner notre maison au bord de la mer. Lorsqu'elle lance du sable mouillé dans les airs, il lui revient à la figure, car nous marchons face contre le vent. Elle se fatigue bien vite de ce jeu et presse le pas pour avoir le temps de préparer nos bagages. Une fois dans l'avion, je serai tranquille, fatiguée et prête à dormir sous son siège. Je rêverai de dauphins, car je sais qu'ils portent chance.

Les aéroports sont mes endroits préférés pour observer la réaction des gens à ma présence. Ma MM possède une petite valise à roulettes où je peux me coucher ; elle me traîne ainsi comme ses bagages. Dès que nous pénétrons dans la salle d'attente, MM ouvre ma valise et tous sont surpris de voir ma petite tête en sortir. Tout le monde veut jouer avec moi. C'est à croire que je viens d'une autre planète et qu'ils n'ont jamais vu un extraterrestre si mignon. Je vais à la rencontre des gens, la queue remuante et les yeux pétillants, mais je prends garde de ne pas rôder dans les endroits où l'on sert de la nourriture, car cela va à l'encontre du code d'hygiène.

À présent, nous allons embarquer sur le vol à destination du Nouveau-Mexique. Il y a eu une alerte terroriste et, même si l'on m'appelle parfois « Terry la Terreur », je ne comprends pas pourquoi on me fait sans cesse sortir de ma valise. Je passe sous l'arche détectrice qui fait bip et me voilà de nouveau dérangée pour une vérification : les gens en uniforme me tâtent l'estomac et fouillent ma valise bien évidemment vide. Je vois que ma

MM se fait également inspecter par une femme en uniforme ; celle-ci retire les chaussures de MM et lui demande si son soutien-gorge contient du métal.

Je suis immédiatement attirée vers une agente de sécurité de forte stature. Elle semble si sévère que je me dois d'aller lui arracher un sourire. Je gambade jusqu'à elle, je saute et lui pose les pattes antérieures sur une de ses cuisses pour être câlinée. Elle est furieuse. Elle fait un pas en arrière et crie : « NON ! Descends ! Descends ! » Ma MM réplique : « Allons donc, ce n'est qu'une chienne qui veut jouer ». L'agente de sécurité amène MM dans un petit box et je l'entends dire : « Je veux voir tout ce que vous avez sous vos vêtements ». Je ne sais pas ce qui se passe, car on m'a laissée à l'extérieur où une foule de mains tentent de me caresser. Qu'ai-je fait de mal ? Je vais regarder sous le rideau qui ferme le box et je vois que MM soulève sa jupe et son chandail. La dame ne la touche pas, mais elle n'est pas gentille avec elle. Je peux voir pourquoi j'ai choisi de la rendre heureuse.

Nous sommes maintenant à bord de l'appareil. Nous sommes tous bien installés à nos places. Je suis couchée sous le siège devant celui de ma Mère et Maîtresse, mais ma petite valise canine dépasse un peu. Un steward se penche au-dessus de nous et regarde de près ma valise. Ma MM lui dit : « Eh bien, comme vous le voyez, monsieur, cette valise porte une étiquette qui dit ' Approuvée par America West '». Le steward lui répond : « Elle prend trop de place ». Je réalise à ce moment que nous pourrions avoir un problème. L'homme se penche davantage et tente de me pousser sous le siège. Il me fait mal au dos et je gronde. Quelques personnes en première classe m'entendent. Jusqu'à maintenant, ils pensaient sûrement que ma valise ne contenait que des bagages. Je les vois regarder dans notre direction. Le steward continue de dire que je prends trop de place et je grogne encore à chacune de ses poussées. Ma MM est embarrassée. Elle ne veut pas recevoir un traitement de faveur, mais simplement qu'on ne me fasse pas de mal.

Un autre assistant de bord vient vers nous et, parce qu'elle est une femme, j'ai l'impression que tout rentrera dans l'ordre, que tout ira bien. Mais lorsque ma MM lui montre l'étiquette d'approbation d'America West, le steward s'exclame de nouveau : « Cela ne change rien au fait que la valise prend trop de place ». L'hôtesse de l'air ne semble pas savoir quoi faire.

Les passagers commencent à prendre part au débat : « Allez, décollons, ce n'est pas grave ». Mais l'homme reste figé là, à me regarder. Il y a maintenant beaucoup d'agitation dans l'avion, car tous savent maintenant ce qui cause le retard. Ma MM et le steward ne veulent pas céder d'un centimètre : c'est l'impasse. Une demi-heure s'écoule tandis que des personnes en uniforme montent et descendent de l'avion. Tout se complique. La confusion gagne tout un chacun. C'est maintenant le pilote qui s'approche de nous. Je l'entends demander : « Quel est le nom du chien ? » Ma MM lui répond : « Terry. Elle et moi avons toujours volé sur les ailes d'America West et cette valise est approuvée ». Le pilote lui demande ensuite : « Ne prenez-vous jamais la compagnie Southwest ? » « Non, jamais, répond MM, car les chiens n'y sont pas acceptés. » « Emportez-vous Terry partout avec vous ? », demande-t-il. Ma MM lui répond que oui.

Le pilote se penche, prend ma valise et la glisse sous son bras. « Très bien Terry, me lance-t-il, tu feras le voyage avec moi, dans le cockpit. » *Sa voix est si douce et empreinte d'amabilité.*

Le pilote m'a amenée dans le cockpit et il me donne même maintenant une friandise. J'aimerais pouvoir le remercier d'une pirouette, mais je ne dois évidemment pas sortir de ma valise. Je sais que ma MM ronge probablement son frein dans son siège, mais qu'elle est reconnaissante du geste du gentil pilote.

Tous ceux qui tentaient d'aider quittent l'avion et je sens maintenant la poussée familière du décollage. Je sais qu'il est temps pour moi d'être silencieuse et de dormir. Je peux sentir que ma MM a décidé de donner un nouveau nom à America West ; à partir de maintenant, elle nommera cette compagnie America Peste !

Shirley

Il m'est arrivé, à une occasion, lorsque je profitais des vacances de Noël à Palm Beach, de perdre Terry. Nous étions invités chez des amis dans une merveilleuse maison, mais Terry n'avait pas d'amis canins pour s'amuser. Cette réunion comptait trop d'adultes sophistiqués et Terry décida de se désennuyer en allant à la plage. Durant deux longues heures, je ne la trouvai nulle part. J'étais folle d'inquiétude. Comme je peux faire appel à mes anges conseillers, je leur demandai où Terry se trouvait. Ils m'ont dirigée vers le sud. Je marchai le long de la plage ; j'arrivai à un club de loisirs où un éducateur me dit qu'un petit terrier noir et blanc avait suivi un groupe de jeunes jusqu'au club et qu'ensuite, un homme d'un certain âge, qui s'inquiétait pour le chien, l'avait amené chez lui. Il m'indiqua dans quelle direction se trouvait la maison de l'homme.

Je me rendis jusqu'à la maison et Terry y était, s'amusant comme une folle avec une bande de chiens. Elle portait son étiquette d'identification, mais, bien entendu, les deux numéros de téléphone y figurant étaient listés en Californie ou au Nouveau-Mexique et l'homme n'avait pu me joindre. Terry, étant un être à l'esprit intemporel, n'avait aucune idée que son absence m'inquiéterait. Je m'en remets depuis lors à mes anges pour me guider lorsque je suis perdue. J'ai la certitude que nos anges sont toujours avec nous et qu'ils s'efforcent de nous aider, même si nous sommes souvent trop pris dans nos soucis pour les entendre.

Terry

Les humains devraient jouer davantage sans justifier leurs jeux par des raisons logiques, comme les anges le font. Les anges jouent d'une multitude de façons. Par exemple, comme je suis moi-même un ange venu sur Terre, j'aime bien attaquer le néant au beau milieu de la nuit, même si cela réveille ma MM. Je souhaite qu'elle devienne plus alerte aux sons nocturnes. Je l'invite à venir admirer la gloire de notre satellite blanc. J'aboie à la lune et je contemple les étoiles, espérant qu'elle accepte cette invitation à sortir pour jouer encore. J'aime courir et pourchasser le tonnerre durant les orages électriques. Pour moi, les caprices de Dame Nature sont divertissants, mais ils sont aussi la réflexion des tourments émotionnels des humains. Nous, les êtres naturels, savons que la nature incarne la Conscience. On ne doit pas la craindre, mais bien comprendre qu'elle sera étrange et chaotique lorsque nous le sommes. J'aime revenir de mes folles escapades nocturnes et fourrer ma truffe dans le cou de MM. Je lui dis alors de traiter la nature avec tout le respect qu'elle mérite. MM pouffe d'un rire nerveux au contact de ma truffe, mais je ne suis pas sûre qu'elle a compris mon message. Je pose ma tête contre son épaule et je me pelotonne dans ses bras pour qu'elle n'ait pas froid. J'aimerais tant qu'elle comprenne sans tarder. Parfois, nous regardons des films, surtout Le petit Stuart et Le petit Stuart II, mes préférés. Le fait que je sois un chien ratier explique sûrement cette préférence.

Un jour, ma MM m'a invitée à une fête où l'on célébrait le succès d'une troupe de danse. Elle m'avait dit que le thème de la soirée était le bal de Cendrillon. Je me rappelle avoir sondé les esprits des enfants qui lisaient l'histoire de Cendrillon et cela m'avait réellement émue. La majestueuse image du bal où Cendrillon trouve son prince me fascinait, j'étais donc heureuse à l'idée de participer à une telle soirée avec MM. Mais arrivée sur place, trois grosses personnes en costume de rat gardaient la porte. Leurs costumes étaient si réalistes ; ils étaient si imposants. Même mes charges les plus féroces n'auraient pas suffit à les faire fuir. MM me disait de ne pas m'inquiéter, mais c'était peine perdue. Je me suis enfuie sous le carrosse à quatre chevaux de Cendrillon. Cela provoqua l'hilarité générale ; les gens trouvaient la situation cocasse, ce qui, vous comprenez, n'était pas mon cas. Ces rats humains auraient pu m'attaquer ! J'ai tenté de trembler pour attirer l'attention, mais la peur m'en empêchait.

Cette expérience traumatisante m'amena à me demander pourquoi je jouais à attaquer les choses animées ou inanimées. Je crois que c'est parce que j'aime trop pourchasser ce qui s'enfuit. Mais, dans mes jeux, je ne fais pas de mal à une mouche. Je préfère la soumission à la confrontation : je me roule sur le dos et me laisse faire, surtout s'il s'agit de rats immenses comme ceux du bal de Cendrillon !

Je sais que ma MM adore m'observer lorsque je suis assise et que je communique dans mon monde multidimensionnel. Exister dans différents mondes à la fois demande le silence complet et une grande concentra-

tion. Je souhaiterais que MM passe plus de temps à créer le silence et à pratiquer sa concentration. Mais bien qu'elle soit pour l'instant perdue dans le vacarme de la vie, elle peut toujours compter sur moi pour la calmer et, lorsqu'elle a du chagrin, pour lui offrir mon monde. Elle a récemment appris à faire de petits sons de reniflement dans mon oreille et partout sur mon visage, comme les autres chiens le font avec moi. Cela m'encourage, car, à un certain niveau, ce comportement prouve qu'elle se prépare à pénétrer dans mon monde de sagesse.

Lorsqu'il s'agit de vivre avec simplicité, je sais que ma MM a une longueur d'avance sur ses congénères, car la satisfaction de ses besoins essentiels est assurée. Beaucoup d'autres humains doivent travailler, sont constamment sous pression, ont des enfants à nourrir, ne peuvent négliger des corvées pressantes et doivent remplir une foule d'obligations inhérentes à la vie effrénée d'aujourd'hui. MM est libre et peut donc se permettre de simplement vivre, même si elle peut encore s'améliorer dans cet art. Je sais que plusieurs de mes amis poilus souhaitent que leurs maîtres adoptent cette manière de vivre. Les humains doivent pratiquer l'art de simplement vivre au moins une heure par jour et nous sommes là pour les aider à reprendre contact, dans le silence, avec tout ce qui existe.

Cette idée d'existence réduite à son essence trouve une de ses significations dans les adjectifs humains « profond » et « fondamental ». Ce retour à la source fondamentale ou profonde est particulièrement important aujourd'hui pour les humains, car ils ont dérivé trop loin des berges du naturel. Lorsqu'ils s'assoient sur une roche, qu'ils empoignent une feuille d'arbre et la font tournoyer dans la lumière du soleil, qu'ils observent un moineau sautiller près d'eux pour picorer des graines éparses, qu'ils contemplent l'action de l'eau qui caresse les roches du lit d'une rivière, ils comprennent alors l'importance de ces réalités et commencent à embrasser l'idée de vivre uniquement pour la vie elle-même. C'est à cet idéal que j'amène ma Mère et Maîtresse ; c'est là la mission des animaux de compagnie. Lorsque nos maîtres et maîtresses sont avec nous, leur pression artérielle baisse et leur cœur reprend des forces. Nous sommes investis d'un grand rôle auprès des humains, une mission que nous menons à terme en étant simplement nous-mêmes. C'est pour cette raison que nous sommes magiques pour eux.

J'aime à être espiègle et paillarde avec MM. Elle serait ennuyée si j'étais une chienne trop tranquille ou placide. J'aime la faire rire, même avec de l'humour de bas étage. Je me réjouis lorsqu'elle m'observe faire ma crotte matinale. Après une recherche de l'endroit propice, j'aime bien m'accroupir et, commençant ma besogne, prétendre que j'ai une aiguille de cactus logée dans ma patte de derrière. Je lève cette patte en pleine action de soulagement juste pour qu'elle voit que je suis capable de faire plus d'une chose à la fois. Cela la fait toujours rire.

Je suis très respectueuse lorsque je sais ma MM occupée par une conversation importante au téléphone, lorsqu'elle lit un scénario ou lorsqu'elle est plongée dans ses écritures. Elle ne le réalise pas, mais je l'aide à trouver les mots et à les écrire. Mais lorsque je ressens une baisse de concentration, j'accours de l'autre bout de la pièce et bondis sur ses genoux pour qu'elle croit que je ne suis qu'un chien. Cela la surprend et la choque parfois, mais après coup, elle ne peut pas s'empêcher de rire et de me cajoler. De ses caresses, je ne pourrais pas dire qui de nous deux en retire le plus de satisfaction. J'utilise toutes les manières pour apprendre la vérité à ma MM. Je choisis parfois le prévisible, parfois l'imprévisible, selon la voie qui convient le mieux à mes enseignements. Mais pour l'instant, je veux qu'elle se remette à son écriture, car c'est une bonne façon de trouver un sens profond à la vie.

Shirley

Le *Mahabharata* est le plus long des deux poèmes épiques de l'Inde ancienne. Il fut écrit il y a plus de 2 000 ans. On y raconte l'histoire du voyage d'un grand empereur qui doit le mener au sommet de l'Himalaya. Pour ce voyage, l'empereur est accompagné de ses quatre frères et de sa femme. Chemin faisant, un chien vient se joindre au cortège. Comme le voyage devient de plus en plus difficile, un par un, les membres de la famille royale tombent, victimes des dures épreuves de l'ascension. Tous meurent jusqu'à ce que l'empereur n'ait plus pour compagnon que le chien adopté. Arrivés au terme du périple, aux portes du Paradis, le Roi de la Porte des Cieux vient accueillir l'empereur et le couvre de splendeurs royales, de présents divins. Ensuite, il lui dit : « Le chien ne pourra t'accompagner au-delà de ce lieu. Tu jouiras d'une immortalité égale à la mienne, mais tu dois laisser ce chien ». Telle fut la réponse de l'empereur : « Non, cela m'est impossible, il m'est dévoué ; il m'a accompagné tout au long de cette laborieuse aventure ». Le Roi de la Porte des Cieux lui dit : « Il n'y a pas de place passée cette Porte pour des hommes avec des chiens. Abandonne ce chien ». Calmement, mais avec fermeté, l'empereur resta sur sa position : « Il m'est impossible d'abandonner ce chien pour la seule atteinte de mon propre bonheur ». Le Roi de la Porte s'évertua à le convaincre une dernière fois : « Si tu abandonnes ce chien, tu obtiendras le monde des Cieux. Déjà, tu as laissé sur le chemin tes frères et ton épouse. Tu as mérité de passer cette porte par tes propres actions. Tu as déjà abandonné tout ce que tu avais. Comment peux-tu te permettre une telle confusion et ne pas laisser ce chien ? ». L'empereur refusa une fois de plus, affirmant qu'il avait abandonné ses frères et sa femme alors qu'ils étaient morts et qu'il ne ferait pas de même pour ce chien toujours habité de la vie. À ce moment, le chien se révèle sous sa véritable forme, celle du grand chien Dharma, le dieu de l'ordre cosmique et des principes moraux. Dharma informe l'empereur qu'il a réussi l'épreuve finale et préservé l'intégrité de sa vertu.

Rappelez-vous, en anglais, le mot chien se dit « dog » et ce mot lu en sens inverse forme « god », qui signifie dieu.

Terry

En raison des événements survenus sur le vol de la America West, ma MM considère la possibilité de trouver un quelconque propriétaire d'avion qui voudrait s'occuper de nos transports régionaux. Je ne sais pas si cela signifie qu'elle veut marier un homme qui sait piloter un avion ou plutôt trouver un bon ami qui pourrait nous amener à bord de son appareil. Qu'arriverait-il si cet ami voulait partager le lit avec ma Mère et Maîtresse ? Je crois que cette expérience serait très éprouvante. J'espère donc que les politiques de sécurité dans les aéroports seront allégées pour que nous puissions poursuivre notre vie sans l'implication d'un homme. Elle ignore sûrement que je sais lire les mots inscrits sur son oreiller : « Plus j'en apprends sur les HOMMES, plus j'aime mon

CHIEN. » *Lorsque je lis cette phrase, cela me rassure sur notre avenir.*

Lorsque des étrangers se présentent à la maison de ma MM ou à une avant-première d'un de ses films, je saute toujours sur leurs genoux et les salue comme si je les avais toujours connus et, en fait, je les connais depuis toujours. Par cette simple attention amicale, ils se sentent très aimés. Lorsque je joue les princesses, j'exige toute l'attention que je suis capable de prendre et je demande que tout le monde m'aime. Ainsi, tout le monde est heureux. Il y a bien ces femmes alourdies de perles et vêtues de noir qui se plaignent du fait que je laisse des poils, mais la plupart des gens sont si heureux de l'amour que je leur prodigue qu'ils en oublient leurs vêtements. De toute manière, aucune garde-robe n'est complète sans quelques poils de chien. D'ailleurs, les poils de chien sont des fils d'amour tissés au Paradis.

Lorsque nous retournons à l'hôtel, je sais maintenant reconnaître l'uniforme du portier. Tandis que ma MM remplit les papiers, je vais directement à la rencontre de cet homme, je me lève sur mes pattes, lui lèche le visage et lui mordille gentiment le bout du nez. Lorsqu'il monte tous les bagages à notre chambre, je cours autour de lui et l'aide à défaire les valises. Il m'arrive parfois de sortir des sous-vêtements de ma MM pour qu'il rigole un peu. Après m'être ainsi acoquinée avec le portier, je sais qu'il acceptera de m'amener en promenade lorsque ma Mère et Maîtresse sera occupée. Il me parlera des autres clients de l'hôtel et de leurs habitudes, mais il peut compter sur moi, je suis très bonne pour garder les secrets. Il me donnera sûrement des petites gâteries.

Puisque je vais partout avec ma MM, je suis à ses côtés lorsqu'elle travaille sur un film. Les gens se passent le mot lorsque je suis présente sur le plateau. J'adore tout l'éclairage qui baigne ces endroits. Je suis attirée par les lumières, car, sous les projecteurs, on me voit mieux faire mes tours, jouer la séduction et être adorable. J'aime particulièrement les camionneurs, des gens syndiqués. Ils sont gentils et me laissent entrer dans leur roulotte où nous écoutons ensemble le football ; comme il est amusant de pourchasser les joueurs sur l'écran du téléviseur. Je dois avouer que les camionneurs me gâtent énormément. En fait, ils vont chercher juste pour moi du maïs soufflé et une foule d'aliments sur les tables à buffet.

Je suis donc un chien syndiqué lorsque je suis sur le plateau.

Lors du tournage d'un de ses films, ma MM se blessa à l'épaule. Elle se l'était disloquée en faisant ses exercices de réchauffement et elle se tordait de douleur sur le plancher de sa roulotte. Je suis accourue auprès d'elle et je lui ai réchauffé l'épaule. Je l'ai étreinte en serrant beaucoup. Puis, j'ai couru chercher un de mes Teamsters préférés. Il a donné des médicaments à ma MM et elle s'est sentie mieux. Depuis ce temps, dès que MM fait des exercices au sol, j'accours vers elle pour lui étreindre l'épaule et son bras, car je ne veux pas qu'elle se blesse de nouveau. J'espère qu'elle comprend l'intention derrière mon geste.

Les camionneurs se relaient pour m'emmener me promener et pour m'apporter de la nourriture. Ils sont vraiment épuisés à la fin d'une journée, mais ils arrivent néanmoins très tôt le lendemain pour jouer avec moi tandis que ma MM est dans la roulotte de maquillage. Je sais que je suis une fille, mais je me sens comme l'un des leurs. Parfois, j'attends dans la roulotte de ma MM qu'elle revienne de jouer une scène ; à son retour, elle porte de drôles de choses sur la tête qu'elle dit être des perruques, mais elles sont davantage à mes yeux d'étranges chapeaux. *Parfois, elle porte un chapeau perruque blonde, parfois il est d'un brun sombre et lui descend très bas le long du corps et d'autres fois, le chapeau est couleur perruque grise. Parfois, lorsqu'elle n'a pas eu le temps de passer chez le coiffeur, ses propres cheveux ont la couleur d'un chapeau perruque grise. Mais ce sont là des secrets que ma Mère et Maîtresse ne veut pas que vous sachiez.*

J'aime l'observer dans la chaise de maquillage. MM ne se maquille pas au quotidien, mais cela l'aide à devenir le « personnage ». Lorsqu'elle devient le personnage, elle joue différemment avec moi, car elle croit être différente.

Je vois en images les pensées de ma MM et elles sont pleines de couleurs. Lorsqu'elle dit que nous allons nous balader en voiture, elle visualise notre balade dans sa tête ; c'est pourquoi, à sa première pensée, je m'empresse de monter dans la voiture. Parfois, après une journée épuisante sur le plateau, je la fixe pour voir la scène qu'elle vient de tourner et je peux en apprécier tous les détails, car ils sont encore vifs dans son esprit. Je peux voir les autres acteurs, je peux voir les lumières (dans lesquelles je souhaiterais être), je peux admirer les costumes et voir ses ridicules chapeaux perruques.

À une époque très lointaine de la nôtre, le langage parlé n'était pas nécessaire à la communication. Nous conversions entre nous par la pensée. Ces échanges étaient beaucoup plus clairs, car ils n'étaient pas corrompus par les mots. Je possède encore aujourd'hui ce talent immémorial et je désire ardemment que les humains se le réapproprient. Les humains doivent vraiment revenir à la base, à l'essentiel.

Shirley

Un de mes amis, un architecte, devait toujours laisser son chien à la maison lorsqu'il partait pour son travail, où il manipulait des bleus et des modèles réduits fragiles. À son retour, son chien le fixait toujours du regard ; il le fixait intentionnellement à la hauteur de son front. Un médium spécialiste des animaux lui a affirmé que les chiens font cela pour entrer dans l'esprit de leur maître. Son chien lisait les plans et considérait les images des bâtiments en modèles réduits. Une fois qu'il avait lu l'esprit de l'architecte, qu'il savait ce qui avait occupé son maître durant son absence, il pouvait relaxer.

Je tente régulièrement de communiquer avec Terry pour améliorer ma capacité de transfert de pensées. J'essaie de faire de même avec les fleurs, les oiseaux et les arbres — eh oui, même avec les roches. Avant que je ne vive parmi les Masais du Kenya, en Afrique, les chasseurs blancs m'avaient dit que les individus de cette tribu étaient capables de projeter et de recevoir des pensées. Les Masais n'avaient pas besoin de téléphones ou de courriels. À l'aide de leur esprit, ils communiquaient en harmonie avec les animaux, les cycles de la nature et le climat.

Terry

Je me demande si ma MM sait que toutes les choses vivantes sur notre planète sont créées par la même force. Ma MM comprend qu'elle ne me possède pas et elle me traite comme son égale. Je ne la vois pas non plus comme une propriétaire. Les autres chiens et animaux, arbres et fleurs sont comme MM et moi, bien qu'il y ait entre nous deux un lien particulier. Plus ma MM me communique des pensées intelligentes, plus je suis en mesure de répondre avec intelligence. J'aime l'idée qu'elle sache combien je suis sage. Elle sait que je suis un terrier royal, que je suis différente de Spooky, Sheba, Daisy, Sandy et des autres chiens qui vivent sur son ranch — et elle sait aussi que je suis son professeur.

Parfois, je détourne mon regard lorsque ma MM me regarde dans les yeux, car je ne veux pas la désorienter en lui communiquant trop d'informations à la fois. Les humains doivent apprendre à leur propre rythme ; la vitesse d'apprentissage est limitée par les capacités de chacun. MM se demande en ce moment comment on se sent dans un si petit corps. Je la vois s'imaginant avoir quatre pattes, un pelage et une truffe froide. Je souhaiterais qu'elle s'imagine autre chose, qu'elle ait ma sagesse cosmique. Il est amusant que MM se sente obligée de me donner les raisons de ses demandes, comme si je les ignorais. Lorsqu'elle me dit que je ne peux plus manger de gâteries parce que le sucre risque de me rendre obèse, je comprends, nom d'un chien ! Mais si elle me dit simplement que je n'ai plus droit à ces gâteries, je continuerai de quémander. J'aime aussi lorsqu'elle veut conclure des ententes, négocier avec moi. De cette manière, je sais qu'elle comprend que nous sommes égales. Lorsque je refuse de prendre mon bain et qu'elle dit, « je te donnerai une gâterie si tu viens gentiment vers moi et que tu te laisses laver dans les lavabos », je sais bien sûr que c'est là un marché qu'elle veut passer avec moi. *Mais il ne faut pas oublier que j'aime bien obtenir des gâteries en quantité. J'aime quand elle tente de penser comme je pense. C'est vraiment ce qu'il y a de plus amusant.*

Un de mes moments préférés est lorsque nous sommes toutes les deux assises calmement, que nous observons les montagnes et la pluie qui se met à tomber. Le moment est encore plus magnifique lorsqu'il neige. Oooooh que j'aime jouer dans la neige! J'aime mordre dans les flocons et goûter un peu au Paradis d'où ils tombent.

Ma MM sait que je suis le trésor de son cœur et c'est pour cela que je l'émeus parfois jusqu'aux larmes. Même si elle ne peut m'entendre parler de tout cela, moi je l'entends parler et je comprends tout ce qui est dit dans son esprit et dans son cœur. Je sais que Dieu est en elle et qu'elle apprendra bientôt à communiquer avec toutes les petites entités qui forment Dieu.

Shirley

La voici arrivée, la fête de Pâques. Je suis assise avec Terry dans ma maison au Nouveau-Mexique, occupée à revoir tout ce que les livres m'ont appris, à réaliser tout ce que m'ont apporté le cinéma, l'art, le *chanelling*, la vie elle-même, les pas faits sur les chemins de Compostelle et mes lectures dans la Bible. Je regarde le vent épousseter jovialement tout sur son passage, redonner la pureté à ce qu'il caresse. Est-il possible que je n'aie simplement pas eu la force d'accepter ce que je savais intellectuellement avant que Terry n'entre dans ma vie ? Je vois beaucoup de synchronismes dans le défilement de mes pensées durant cette fin de semaine de Pâques. Le Christ, qui est mort pour nos péchés, nous a demandé à maintes reprises de tendre l'autre joue, si l'on nous frappait. C'est exactement le comportement que les chiens adoptent envers les humains. Mais les humains peuvent-ils rendre la pareille aux chiens ? Sont-ils capables de tendre l'autre joue à leurs semblables ? Est-ce que la prochaine grande transformation planétaire débutera lorsque les humains tendront l'autre joue ?

Les lois de la nature sont harmonieuses. Cependant, nous transgressons quotidiennement ses lois en permettant la pollution. Nous prétendons que la nature est cruelle, mais nous définissons la cruauté en regard de nos propres actes. Ne serions-nous pas plus équilibrés si nous permettions à la nature de retrouver son équilibre ? Le simple fait, à mon âge, de me poser encore ces mêmes questions me prouve que je n'ai pas compris une vérité toute simple : la nature et nous, les humains, devons à notre seule union le sentiment d'être acceptés et aimés. Je comprends davantage aujourd'hui cette vérité. C'est un chien qui m'y a éveillée. Mais des questions me hantent toujours, des questions sur le monde et sur Dieu. Qu'est-ce qui est vrai ? Ce que nous percevons comme étant la vérité ou ce qui échappe à notre vision ? Le Paradis, Dieu et l'Esprit sont-ils plus réels que le monde qui nous entoure ?

Je commence à réaliser que la « réelle » réalité est, somme toute, celle que je n'accepte pas. La « réelle » réalité est ce que je sais au plus profond de mon être. Mais encore aujourd'hui, je sépare cette vérité, cet Esprit, de ma personne. Par ailleurs, il faut comprendre que cet Esprit n'a rien à voir avec la religion. J'en suis venue à cette découverte grâce à ma relation avec un chien, un animal à qui la plupart des religions ne reconnaissent aucune âme.

Terry a des tactiques pour assurer sa survie et ses besoins essentiels, mais celles-ci ne sont pas violentes, elles n'ont pas comme motif la colère ou la culpabilité ; elles ne font qu'*exister*. Mon bonheur auprès d'elle me fait ruisseler de larmes. Pourquoi ? Pourquoi pleurons-nous, nous les humains, lorsque nous sommes extasiés de joie, lorsque nous croquons le fruit de nos plus grands désirs ? Nous considérons-nous indignes de notre bonheur ? Nos larmes sont-elles versées pour les milliers de nos semblables que le bonheur boude ?

Si je jette un œil sur le monde, si je le juge triste, ravagé et pollué, comme une arène inhospitalière où la compétition entre les êtres se fait jusqu'à la mort — bref, malade est le seul qualificatif qui convienne — ce sera ma seule et unique expérience de ce monde. Je créerai ainsi un monde dépourvu de sens. En regardant Terry, je ne peux pas croire qu'elle vit dans un monde pareil. Elle semble n'avoir aucun autre but que celui d'ÊTRE. C'*est* la raison de sa vie et elle me l'a dévoilée, me l'a donnée. Je jouis du droit de simplement être. Mais d'être simplement quoi ?

Pourquoi est-ce si compliqué de se rattacher à l'Esprit, à notre nature profonde ? Je sais que nous ne sommes pas des êtres physiques en quête d'une âme ; nous sommes plutôt des âmes qui devraient jouir du droit au bonheur durant l'expérience d'une existence physique. Je regarde Terry, totalement absorbée par le chant d'un oiseau et ensuite tellement ravie à la vue d'un de ses jouets qu'elle bondit, l'attrape et me le rapporte. Elle me répète encore que le jeu, c'est très important : « Joue avec moi. Secoue mon jouet. » Elle adore chasser et courir ; elle aime garder ses sens en éveil. Elle n'a pas inventé la guerre. Elle n'a pas instauré les taxes. Elle n'a pas mis en marché une culture technologique qui crée une grande dépendance. Elle n'a créé ni la pollution, ni les écrasements d'avion, ni la violence, ni le terrorisme, ni la drogue, ni même l'idée du non-sens.

Terry

Ma MM et moi avons partagé plusieurs de nos vies antérieures jusqu'à présent, dont celle vécue en Égypte. En ce temps, comme je l'ai dit auparavant, j'étais le dieu Anubis et MM était une princesse. Ce que je n'ai toutefois pas révélé, c'est l'histoire d'un Roi étrange mais remarquablement intelligent qui vécut à cette même époque. Il ne ressemblait à aucun autre humain. Il avait des yeux globuleux, une peau grise et un visage singulièrement triangulaire. Il était un Roi très puissant et généreux, qui savait bien des choses que les humains ignoraient. Les humains le vénéraient, mais il leur inspirait parfois la peur, car ce Roi était venu d'au-delà des nuages.

Le Roi initia les Égyptiens aux secrets de la nature, à ceux des étoiles, des nombres cosmiques et à l'existence d'autres matières célestes. Il disait être venu de son monde sur un bateau volant rond et silencieux. Il m'a fait la demande de prendre soin de la princesse, de lui apprendre la vie, à cette époque et dans le futur. Il pria pour que je ne l'oublie jamais. À sa mort, on organisa une grande cérémonie où il fut mis en terre avec son bateau volant, dans les profondeurs de la planète.

Il y a quelques semaines à peine, ma MM regardait une émission à la télévision où il était dit qu'une équipe de chercheurs, formée de membres des services secrets du KGB russe, avait découvert le tombeau d'un roi en territoire égyptien. Dans cette tombe se trouvait un bateau volant. Toute l'affaire avait été classée top secret. Ce roi ressemblait en tout point au Roi dont je me souvenais ! Les hommes du KGB croyaient qu'il venait d'Orion et affirmaient que les Égyptiens de cette époque lointaine avaient décrit la façon dont il était venu vers eux pour leur prodiguer de précieux enseignements. J'avais alors remarqué que ma MM était très intéressée par l'émission et elle m'avait pris étroitement dans ses bras dans l'élan d'un sentiment familier. Je tiens encore aujourd'hui la promesse faite à ce roi, car les accords royaux et célestes sont très importants. Je me consacre à l'éveil de MM en ce moment même et j'ai espoir qu'elle y arrivera cette fois-ci.

Parfois, lorsque ma MM et moi nous nous rendons de peine et de misère en avion à la destination voulue, je me demande pourquoi nous ne pourrions pas utiliser un bateau volant silencieux comme celui du Roi. Les moyens de transport sont si rudimentaires de nos jours ! Mais il me faut m'adapter à l'époque présente.

Shirley

Ma terre au Nouveau-Mexique me parle lorsque je m'y promène. Comme je marche avec les chiens du ranch, je ressens son pouvoir et son savoir ancien. Ces vieilles pierres et ces plateaux érodés me rappellent que ce territoire, qui s'élève maintenant à plus de 2 100 mètres, était jadis sous le niveau de la mer.

Il y a plusieurs années, un shaman m'a dit qu'un chien viendrait à moi, un chien habité d'une âme qui aurait un œil bleu et un œil foncé. Il a ajouté que ce chien rôderait en cercle autour de ma maison sur le ranch durant quelques mois avant de réclamer son droit de la protéger. C'est exactement ce qui s'est produit. Spooky n'est pas un chien de race. C'est le seul mâle dans ce harem de femelles. Non loin derrière lui suit Sheba, un mélange entre berger allemand, malamute et husky. Magnifiquement digne, elle peut aussi être d'humeur irritable, ce qui est son droit en tant que plus vieille femelle de la bande. Daisy est un colley qui a des traces de berger australien dans son sang ; elle est chapeautée par Sandy, un retriever turbulent, charmant, mais impossible à éduquer. Et bien sûr, il y a Terry, le terrier Princier, qui ne me quitte jamais.

Les chiens et moi marchons en saluant au passage les fantômes et les esprits du temps passé. Nous foulons des ruines indiennes de nos pas sereins ; en ces lieux, des gens de différentes tribus troquaient la turquoise et des perles contre du bétail et du grain. Un ruisseau court aux flancs des montagnes, le long de notre sentier, comme nous nous dirigeons vers les pétroglyphes, des gravures dans le roc dont certains disent qu'elles ont plus de trois mille ans. Je me demande si j'ai déjà vécu, ici, il y a très longtemps. Terry était-elle à mes côtés en ce temps ? Est-ce pour cette raison que j'ai été appelée à revenir dans la région pour m'y installer définitivement ?

Terry semble percer l'essence de l'énergie ancienne. Elle ne laisse aucune pierre non retournée, comme si elle allait écouter en chacun de ces morceaux d'histoire un message laissé par des voix depuis longtemps éteintes.

Cela me rappelle J. Krishnamurti, un sage écrivain indien de New Delhi. Il revint un jour d'une longue marche, qui ressemblait sans doute à la nôtre, et se rendit compte qu'aucune pensée ne lui avait effleuré l'esprit durant son trajet. Comme il serait bon de pouvoir réduire mon esprit au silence de cette façon ! Pour ce faire, je devrais d'abord chasser toutes mes pensées négatives, puis mes pensées porteuses d'anxiété et de regrets et enfin, n'oublions pas ces pensées dont les chaînes ont des maillons de culpabilité. J'ai peine à concevoir un état prolongé sans toute forme de pensée, mais, durant mes longues marches, je sens que mon esprit tend vers le détachement et approche une liberté dont je crois Terry investie. Cet état d'esprit est celui de l'aigle se laissant porter au-dessus de nos têtes ou même celui d'un immense rocher. Quelquefois, lorsque Terry s'immobilise soudainement pour fixer un point qu'il m'est impossible d'apercevoir, je tente de pénétrer dans cet espace, dans cet état d'esprit, et ce faisant, je suis envahie par le sens extraordinaire de toucher à la véritable paix intérieure.

Dans cet instant, je comprends que, peu importe toute la folie que nous, les humains, nous imposerons, les animaux, le ciel et les montagnes nous regarderont silencieux et dignes, nourrissant l'espoir que nous retrouverons la raison, que nous comprendrons enfin.

Selon la pensée bouddhiste, la vie est illusion, un rêve que nous avons créé dans notre « réalité » tridimensionnelle. Les Bouddhistes affirment que nous vivons dans un état divin de néant, mais que nous l'ignorons, car nous croyons en la réalité de ce que nous avons créé. Ai-je limité la vision de mes propres yeux pour ne voir que les images que je crois réelles ? Si tel est le cas, en créant mon illusion, j'ai abaissé un rideau devant moi qui m'empêche de voir la vraie réalité. Je ne suis pas une néophyte en ce qui concerne les illusions, car l'illusion est la pierre angulaire de mon métier. Je sais comment créer des réalités, car c'est l'art qu'une actrice doit maîtriser lorsqu'elle joue un rôle. Mais il faut voir qu'il y a une différence entre créer des images et voir la vérité.

Est-ce que le monde ravagé par les guerres loin de moi est aussi l'œuvre de ma propre création ? Lorsque je regarde CNN et que j'écoute les présentateurs d'actualités, est-ce que je crée ces journalistes, ces politiciens et ces personnes qui présentent l'état de confusion dans lequel est le monde ? Est-ce que je les encourage à faire cela dans mes rêves ? Si mes pensées sont négatives et marquées par la peur, peut-être que c'est la réalité que je créerai. Si chacun d'entre nous, dans nos divers états de détresse et d'appréhension, créons notre monde, c'est presque un miracle que nous ne vivions pas dans un chaos collectif encore plus grand !

Il est possible que, durant sa marche, Krishnamurti ait vécu ce que Terry connaît depuis sa naissance. Terry ne voit peut-être pas le monde comme je le perçois, mon jardin comme il m'apparaît, cette terre à travers mes yeux, mes vêtements comme je les regarde ou même ses jouets comme il m'est donné de les percevoir. Je pense que Terry voit au-delà des illusions, des images, et perce du regard les réalités jusqu'à atteindre la Grande Vérité. À mesure que je prends de l'âge et que je passe plus de temps avec Terry, je suis de plus en plus décidée à briser mes illusions. Est-ce possible ? Si je chassais radicalement mes illusions, percevrais-je le monde sous une toute autre perspective ? Terry et moi pourrions-nous voir le même coucher de soleil ? Je crois qu'elle voit au-delà de ce qui est perceptible à l'œil nu, qu'elle voit la profondeur, mais cela ne pourrait être que fabulations. Peut-être ai-je même créé cette petite chienne qui est ma sage enseignante.

Je ne veux pas quitter Terry pour tourner un film, car elle est ma source de paix et de rires ; elle éveille ma conscience en me montrant le monde qui la sépare des producteurs de films et de leurs ambitions. La majeure partie des productions de l'industrie cinématographique fait appel aux plus bas instincts de l'homme et les nourrit.

Bien entendu, les films se doivent d'être rentables, mais en glorifiant la violence et en se nourrissant de la peur des gens, les films ne font qu'envenimer les problèmes. Lorsque les gens croient que leur gouvernement ne leur dit plus la vérité, ils forment alors différentes factions désireuses de prendre le pouvoir et, pour y arriver, ils se battent entre eux. Le terrorisme international nous fait aujourd'hui tellement peur que la suspicion généralisée s'installe ; notre peur peut fort bien nous pousser à nous entretuer ici, chez nous. Mais lorsque j'arrête mes pas et que je plonge mon regard dans celui de Terry, je trouve le réconfort. Elle me dit que tout se déroule comme prévu :

nous comprendrons bientôt ce que nous sommes réellement. Mais pourquoi faut-il apprendre dans la souffrance et dans la peur ?

Terry

MM regarde toujours les nouvelles parce qu'elle veut savoir à quel point le monde ne tourne pas rond. Les gens ont des problèmes parce qu'ils sont déconnectés de l'actualité en eux. MM s'inquiète vraiment de ce qui se passe dans le monde, mais elle a aussi l'impression d'être la simple spectatrice d'un divertissement collectif, dont le scénario est essentiellement fondé sur l'horreur. Ce n'est pas complètement faux. Les humains entretiennent des drames horribles en eux et cela se reflète sur le monde. Plusieurs de ses amies disent ne plus regarder les nouvelles, ne plus lire les journaux, car ce qu'ils y trouvent les perturbe trop. L'ignorance n'a jamais rien résolu. Il faut donc s'attaquer au problème en évitant d'être ignorant de son propre être. Ma MM n'est pas de ceux qui s'enlisent dans le déni. Elle veut savoir, mais ne sait pas où trouver les réponses. C'est pourtant simple : les réponses sont en elle.

MM et moi sommes assises sur une colline surplombant notre maison. Les arbres me parlent et chacun d'eux a une histoire à raconter. Les genévriers à ma droite sont issus d'une longue suite d'existences et leurs ancêtres ont beaucoup vécu. Ils me disent qu'ils savent que les insectes qu'ils accueillent sur leurs rameaux ne sont pas plaisants pour les humains, mais qu'ils ont leur place dans la vie des végétaux. Les insectes vivant dans les genévriers pourraient même jouer un rôle dans la complexité de la saveur du gin que les humains distillent à partir des baies de genièvre. Je n'ai jamais bu un verre de cette boisson, mais j'ai vu plusieurs des amis de MM devenir plus amusants après avoir consommé quelques gorgées de ce jus d'insectes du genévrier ! Vous voyez donc que tout a sa place dans l'existence. Mais attention, ce jus de gin peut prendre trop de place dans la vie de certaines personnes.

Les grands pins ponderosa, à ma gauche, me disent que les humains ont coupé plusieurs de leurs ancêtres *pour se bâtir des maisons. Ils avouent que cette activité ne les choque aucunement, car ils se plaisent à rendre service et à protéger les humains des intempéries. Ils savent que leurs ancêtres ne sont pas morts et qu'ils vivent maintenant dans les murs et les plafonds des maisons des hommes.*

Des oiseaux se précipitent hors des arbres et me disent qu'ils observent les humains des hauteurs. Ils aiment les insectes qui logent dans les arbres, car ils font de bons repas. Ils me parlent des secrets de l'air et de leurs techniques de vol. Ils sont heureux d'avoir servi de modèles pour les avions, mais ils n'apprécient pas les avions qui lâchent de gros objets métalliques qui tuent les arbres et les gens.

En contemplation devant le paysage, je suis bien avec MM à flâner en écoutant toutes les histoires que la vie veut bien me dévoiler. Tout ce qui vit a une histoire... les femelles, les mâles, les choses, tout — et chacun a sa propre perspective sur le monde. Chaque être vivant a quelque chose à dire, une histoire à raconter. Donc, lorsque MM se demande ce qui est réel, je veux lui dire que la perception en elle-même est la seule réalité, mais qu'il faut tendre à embrasser toutes les perceptions existantes, qui forment, à la base, une seule vérité. Un humain n'a-t-il pas déjà appelé cela la théorie du champ unifié ?

Tout a son énergie et toute énergie a un but. Certaines énergies peuvent être plus denses que d'autres, mais elles ont toutes une raison d'être. Rien n'est mal ou mauvais. Ce n'est là qu'une perception humaine. Les humains aiment penser que la dualité existe dans le monde et ils nomment ces deux forces le Bien et le Mal. Par cette croyance, ils ont créé un monde qui semble prouver le bien-fondé de cette vision. Mais elle est erronée. Les humains tiennent mordicus aux principes du Bien et du Mal, car ils ont l'habitude de vivre dans la dualité. Cette vision de l'existence de deux pôles leur donne apparemment une raison de vivre : ils se donnent pour mission de conquérir le « Mal » alors que le mal est leur propre création. C'est l'énergie qui fait battre de peur leurs cœurs et leurs esprits. Leur Bible dit : « Tu ne croqueras pas le fruit de l'arbre du savoir du Bien et du Mal ». Ils continuent néanmoins à se gaver du fruit de ce faux savoir.

La nature ne pense pas ainsi. Nous, les animaux, ne pensons pas ainsi, surtout parce que l'on ne nous a pas appris à penser de cette manière. Nous savons que ce que les humains appellent le mal est une simple expression de leur confusion intérieure, qui résulte de leur détachement de l'omniprésent Divin. Les humains doivent comprendre que Mère Nature commence à être lasse qu'on l'utilise comme la scène où s'entrechoquent le Bien et le Mal.

Il est étrange de remarquer que les humains qui ressentent l'amour en eux ne peuvent endurer très longtemps sa présence. Ils se retournent alors contre l'autre et le traitent d'égoïste pour se défaire de ce sentiment. Les humains doivent voir l'amour et l'énergie lumineuse en eux, car c'est ainsi qu'ils pourront changer leur vision de la réalité. S'ils étaient conscients de l'amour qui les habite, ils pourraient changer le monde.

Toutes les guerres prennent naissance à l'intérieur des gens bien avant la première offensive. Ces guerres intestines provoquent les perturbations externes. Je souhaite que les humains puissent enfin voir l'amour comme l'héritage qui leur revient de plein droit.

J'arrête de creuser et je retourne m'asseoir auprès de MM. Je me demande si Mère Nature décidera de manière ultime de se déchaîner pour restaurer l'équilibre qui doit exister entre elle et les formes de vie qu'elle accueille. Peut-être que, mue par la sagesse de la création, choisira-t-elle de tout recommencer, de recréer la première forme de vie. Je détesterais voir cela arriver, car les humains peuvent être si merveilleux lorsqu'ils embrassent la vérité. Nous, les êtres couverts de pelage, savons qui nous sommes, si personne ne nous blesse, nous n'oublierons jamais notre beauté intérieure.

Je peux sentir que MM est agitée par des pensées bouleversantes. Elle se lève à présent pour reprendre la marche. Je souhaiterais qu'elle ralentisse son pas. Elle ne réalise pas qu'elle met les pieds dans les traces de sa destinée et que son destin se réalisera, peu importe la cadence. Le futur ne manque jamais un rendez-vous, alors pourquoi se presser ? Aucun d'entre nous ne peut arriver à semer le futur.

Comment a-t-elle pu marcher dix heures par jour durant trente jours en ressassant de telles pensées ? La traversée de l'Espagne n'a pas dû être de tout repos. Elle a dû souffrir de maux de tête insupportables si elle s'est posé tant de questions. Je crois que son cerveau lui joue des tours.

Ma MM et ses amies parlent beaucoup de guerre et de terrorisme ces jours-ci. Elles semblent avoir peur pour l'avenir. Je les surveille pour voir si la peur qui bouleverse leurs cœurs finira par s'évanouir. Réaliseront-elles que leur peur est le fruit de leur propre création ? J'observe tous les mouvements de ma MM. Je m'assois très droite lorsque je l'observe, car je veux qu'elle me sache consciente de tout ce qu'elle fait, pense et ressent.

Je l'observe très attentivement alors que nous faisons les derniers pas nous menant à la maison. Tout est si calme autour de nous ; un papillon bat des ailes juste au-dessus de moi. Je lève la tête vers le ciel. J'y vois des nuages effilés et j'entends des sons étranges provenant de très haut. Je vois ma MM regarder aussi vers le ciel. Elle prie. Je peux sentir que son cœur rêve doucement à un monde plus paisible. Toute la nature qui nous entoure respire la paix, mais je comprends les raisons de ses inquiétudes.

Shirley

Sommes-nous sur le point de voir les anciennes prophéties se réaliser ? Voyons-nous se mettre en place les dernières pièces du puzzle de la fin des temps ? Toutes les écritures que j'étudie — le livre de l'Apocalypse du Nouveau Testament, les prédictions de Nostradamus, les prophéties des Hopis et des Mayas, les séances de *channeling* d'Edgar Cayce ou différents textes de la Bible — sont pleines d'indications qui me font croire que nous sommes à l'aube d'une dévastation, de l'avènement d'un nouveau monde, beaucoup moins plaisant.

Même si je m'efforce de chasser de mon esprit les événements de la seconde guerre du Golfe, j'en suis incapable. Je repense sans cesse au moment où Ari Fleischer annonça le début des hostilités, comme s'il était le maître de cérémonie d'une exécution. J'avais suivi toute la semaine l'escalade des événements qui avaient mené à cette annonce : les avertissements et les ultimatums de notre gouvernement, le silence de Bagdad, les protestations s'élevant aux quatre coins du globe et les départs lourds d'émotions des soldats américains pour le déploiement dans le Golfe. Était-ce le coup d'envoi d'une Troisième Guerre mondiale ?

La Deuxième Guerre mondiale éclata lorsque j'étais enfant. Durant ma jeunesse, j'ai entendu répéter à maintes reprises l'expression « theatre of war », le théâtre des opérations militaires. Je me retrouvais maintenant devant ma télévision pour assister à cette soirée de grande première. Me sentant plus que jamais spectatrice, j'attendais que le rideau se lève devant une pièce, mise en scène et bel et bien dirigée. Mes différents téléviseurs crachaient en simultané leurs messages. Moi, j'étais confuse, apeurée et en colère. Qui étions-nous donc, nous, d'abord des humains avant d'être des Américains, pour *déclarer* la guerre ? Je sentais un serrement, un poids de plomb, au niveau du plexus solaire et j'avais peine à respirer, encore plus à parler. Les appels incessants d'amis agitaient frénétiquement la nuit. J'eus une pensée pour Kurt dans *Apocalypse Now* : « L'horreur, l'horreur. » J'ai pensé à notre dirigeant, le Président, lors de ses nombreux messages au peuple américain, des textes écrits d'avance pour nous préparer à la *grande performance*. Je ne pouvais pas comprendre comment le Président pouvait aller de l'avant malgré les protestations de milliers de personnes dans le monde et dans son propre pays. Voulait-il à ce point être le héros de son propre film ? Pendant ses conférences de presse, pourquoi personne ne lui a demandé comment il comptait conjuguer démocratie et massacre d'innocents ?

À la télévision, le spectacle était bien lancé : des effets spéciaux d'explosion dans la nuit, des bâtiments qui s'effondraient, des palais en flammes. Un véritable opéra surréaliste. Et quelque part sous les feux d'artifice, des êtres humains étaient brûlés vifs, hurlant leur désespoir et celui de leurs enfants morts. Mais je n'ai pu les voir ; aucun Américain ne les a vus. Durant cette première nuit, les reportages ne parlaient que des progrès technologiques, de la précision chirurgicale de l'armement, des plans détaillés de frappes militaires et d'avancées stratégiques. Ce chaos se développait dans le berceau de l'humanité, le lieu de naissance d'Abraham, peut-être même où se trouvait le Jardin de l'Éden, là où la promesse d'une race humaine est née. Nous étions sur cette terre, larguant nos bombes pour replonger ce lieu dans l'Âge de pierre.

Est-ce que mon cher pays va réussir à unir le monde arabique qu'aucun chef arabe n'a pu rassemblé à ce jour ? Cette unification forcée ne ferait que jeter de l'essence sur les feux de la Guerre Sainte. Les fondamentalistes, de tous acabits, peuvent être vus comme des terroristes par ceux qui ne partagent pas leur foi. Croyons-nous réellement que notre richesse et notre puissance nous viennent de Dieu ? Commencer une guerre est un abus colossal de privilèges, peu importe les justifications dont nous nous prévalons.

Je me rappelle avoir crié ma rage devant mon téléviseur. Les oreilles de Terry s'étaient collées sur sa tête. De temps à autre, elle projetait un de ses jouets dans les airs dans une vaine tentative pour me distraire. Les têtes qui parlaient à l'écran n'avaient de cesse de balancer des phrases comme on lancerait des grenades : « Il septembre 2001… protection de notre patrie… armes de destruction massive… ». Tous les propos étaient tenus sans explication sur les liens entre ces événements et ce que nous faisions à l'étranger, c'est-à-dire déclarer une guerre à un pays qui ne nous avait jamais provoqués. Nos dirigeants voulaient s'attirer la sympathie des spectateurs et nous parlaient de sécurité et d'instinct de conservation dans cette nouvelle ère du terrorisme. Mais qu'en est-il de *nos propres* armes de destruction massive ? Comment pouvons-nous les justifier ?

Croyez-moi, les doutes sur les bonnes intentions de notre pays ne me viennent pas facilement. Je suis une patriote américaine. J'ai grandi en Virginie, État qui a vu naître huit présidents ; j'ai grandi au son de cette phrase : « Que les cloches sonnent la liberté ». Notre propre patrie a été fondée par des révolutionnaires — des terroristes aux yeux de certains — qui nous libérèrent du joug de l'oppression britannique, nous assurant ainsi le droit au bonheur et à la liberté de culte. La liberté a permis à notre peuple d'atteindre la prospérité, mais trop de nos richesses ont été utilisées pour créer un immense arsenal, des armes de haute technologie précises, des machines à tuer. Nous

nous sommes armés pour assurer notre position privilégiée. Cela me donne des frissons quand j'y pense.

Nous avons déployé ces armes pour qu'autrui vive comme nous le jugeons, nous, souhaitable. Nous prônons un renversement violent d'un régime pour qu'un gouvernement élu par et pour le peuple puisse prendre la place en Irak. Était-ce vraiment à nous de faire cela ? N'avons-nous pas nous-mêmes élu notre part de brutes au cours de notre courte histoire démocratique ? Et qu'y avait-il de si démocratique dans notre élection présidentielle de 2000, alors que le vote populaire fut en faveur d'un homme qui n'a jamais accédé à la présidence ?

Personne ne devrait vivre sous la tyrannie, j'en ai la ferme conviction. Nos vies sont au mieux courtes et difficiles ; la liberté devrait être un bien commun à tous. Mais lorsque nous allons en guerre sans provocation préalable, j'ai peur que le prix à payer pour libérer un autre pays soit notre âme. Protester est l'acte le plus patriotique que je puisse imaginer, mais je ne veux pas que mes actions soient mal comprises et étiquetées comme un manque de soutien aux hommes et aux femmes honorables qui font leur travail, qui suivent les ordres de leur commandant en chef, le Président. Quel *est* son but réel ? Est-ce la sécurité, le pétrole, la démocratie ou une simple revanche ? Nous attendons encore une réponse honnête.

Dans le tumulte de ces événements, je devais décider si j'assisterais ou non aux *Academy Awards*. Il est étrange de sentir que tous les aspects de la vie se réunissent ; lorsque le politique devient personnel, voire même spirituel, et lorsque votre profession, un aspect déjà personnel, prend un poids politique. On m'avait invitée à Hollywood pour recevoir un prix pour l'ensemble de ma carrière. Avant la guerre, l'idée de participer à cette soirée m'enchantait au plus haut point. J'allais profiter de l'événement pour reprendre contact avec de vieux amis, rencontrer de nouveaux producteurs et, bien sûr, m'offrir des moments de détente et de plaisir. Mais avec la montée de violence dans le Golfe, me rendre à Los Angeles pour parader sur scène dans un tailleur cousu de paillettes devint un projet de moins en moins intéressant. Je ne pouvais pas tolérer l'ironie de déambuler sur le tapis rouge et de pénétrer dans le théâtre des « Kodaks » pour nous autocélébrer, tandis que nos fils et nos filles, plusieurs d'entre eux adultes depuis peu, attendaient dans un théâtre tout à fait différent, la gorge serrée à l'idée que ce jour pourrait être le dernier de leur existence.

Je me rappelle Terry me fixant sans broncher alors que je passais de la tristesse à la confusion et de la peur à la colère. Sous son regard patient, je sombrais de plus en plus profondément dans une froide dépression, un état que je n'avais jamais connu auparavant. Je m'étais finalement mise au lit et, même si Terry se vautrait contre moi pour me protéger, je ne trouvais pas le sommeil. J'avais besoin d'air, d'aller dehors. Je me suis plongée dans le jacuzzi pour retrouver mon calme. Les nuages cachaient les étoiles et je ressentais un vague à l'âme familier. C'était comme si ma vision était enveloppée dans un linceul de colère et de confusion ; je priai pour qu'un vent fort souffle dans mon cœur, le laissant vide et propre. J'ai demandé de l'aide. Je ne sais pas combien de temps s'est écoulé avant que je ne ressente, plus que je n'entende, une voix me dire : « Calme-toi ». Comme s'il s'agissait d'un exercice théâtral, je me suis calmée. La voix poursuivit : « Ton cœur se brise, mais par ses fissures, il s'ouvre au monde ». Les nuages commencèrent à se dissiper, laissant les rayons de la lune atteindre la Terre, et les étoiles reprirent tranquillement leur éclat.

Mon cœur et mon esprit s'éclaircissaient. Je tournai les yeux vers ma montagne, celle que j'ai nommée ma Sierra Madre. Je lui ai donné ce nom, car les vieillards de la région disent que c'est une montagne féminine et qu'elle renferme de grands trésors. Une lumière brilla à cet instant. Elle provenait de l'*intérieur* de la montagne. La lumière semblait prendre sa source sous la surface des pentes. J'avais déjà aperçu cette lumière, mais je n'avais jamais compris d'où elle provenait. Comment une lumière pouvait-elle venir de l'*intérieur* d'une montagne ? Les mots « terrain d'amour » se tracèrent dans mon esprit, et j'eus la réflexion suivante : « La nature sait ce qu'elle fait même si l'humanité l'ignore ». Je compris soudainement avec une clarté certaine que ce que nous étions devenus était dû à notre séparation de la Source Divine. Nous avions utilisé notre *libre arbitre* pour quitter notre source, nous l'avions fait de notre plein gré. Par ce que nous appelons le libre arbitre, nous avons créé ce que nous appelons la démocratie, un système de gouvernement qui nous permet de faire tout ce qui nous plaît en tant qu'humains — *quand* nous le voulons et *comme* nous le voulons, dans des limites établies par les lois. Mais en cours de route, nous avons perdu de vue l'importance de notre lien profond avec l'Esprit. Parce que nous avons subi l'oppression religieuse en Europe avant notre Révolution, nous avons amené avec nous sur ce continent le désir de liberté religieuse. Mais plus souvent qu'autrement, la religion promeut la dissension et non l'unité : *notre* Dieu était le vrai Dieu et le leur ne l'était pas. Nous pratiquions notre foi comme on nous l'avait enseignée, mais nous ne suivions pas la Voix Divine.

Cette réalisation soudaine des dangers du libre arbitre me fit penser que la race humaine pouvait être une sorte d'expérience. Dans cette expérience hypothétique, nous avions usé de notre libre arbitre pour nous détacher de la Source Divine et ainsi déclenché l'avènement du futur que nous promettent la plupart des prophéties. Est-ce possible que deux tiers de la race humaine soient sur le point de s'autodétruire en abusant de son libre arbitre ?

Je contemplais la paix des étoiles. La lumière de la montagne s'était évanouie. Est-ce qu'on m'observait ? Y avait-il des êtres quelque part dans la nuit, liés par

l'interdiction d'interférer dans notre destruction imminente ? Est-ce que les arbres dans l'ombre, les oiseaux de
nuit et même Terry attendaient patiemment que nous
comprenions notre erreur ? Je plongeai plus profondément
dans la paix enfin trouvée et demandai de l'aide. L'aide
m'était offerte. On m'avait offert la paix intérieure.
C'était un miracle dont j'étais témoin et je *devenais* ce
miracle. C'était comme de permettre à un personnage de
s'emparer de moi, plutôt que de le maîtriser.

Existe-t-il d'autres planètes dont les habitants ont
connu leur destruction par les libertés qu'ils se sont
données ? Est-ce là que réside le mystère de la vie et de
l'univers ? Est-ce que ces forces obscures sont simplement des êtres qui ont oublié leurs relations avec le
Divin ? Et est-ce que ces forces obscures nous ont envahis
parce que nous les avons accueillies à bras ouverts ?

Assise dans l'eau, sous le regard vigilant des étoiles,
je me demandais à nouveau si nous, les humains, n'avions
pas dépassé le point de non-retour. Est-ce que les
prophéties s'accomplissent au moment d'écrire ces
lignes ? Relevant la tête vers le ciel nocturne, il me vint
l'idée que c'était entre les lignes de l'existence que la

vérité se trouvait et que la seule manière de l'embrasser était de trouver la paix intérieure et d'avoir la foi en son existence.

Terry

Je ne comprends pas pourquoi les êtres humains se blessent et se tuent. C'est stupide. Ne savent-ils pas qu'ils ne peuvent jamais mourir ? Ils ne font qu'aggraver leur condition pour leur prochaine visite.

Parfois, je crois que les gens n'ont jamais dépassé le stade du singe ; mais n'insultons pas les singes, qui ne se tuent pas à la manière des humains. Pourquoi les gens ne se comportent-ils pas comme des anges, car c'est ce qu'ils pourraient être ? Les anges trouvent toujours des solutions pacifiques à leurs différends, parce qu'ils savent qu'ils sont tous des parcelles de Dieu. Même les anges en désaccord ou apeurés sont en Dieu. Lorsque ma MM était une petite fille, elle a demandé à son père pourquoi la paix était impossible dans le monde. Il avait soupiré et répondu : « Parce que la religion pousse les gens à s'entretuer ».

Shirley

J'en suis venue à réaliser, tandis que je me préparais à jouer le personnage de Rebecca Nurse dans la mini-série *Les sorcières de Salem*, à quel point la croyance en l'existence du Diable était ancrée dans notre culture. J'ai compris comment elle pouvait servir les fins des hommes au pouvoir. Il ne faut pas voir une simple coïncidence dans le fait que les sorcières de Salem étaient de ces rares femmes à avoir hérité de titres de propriété. En ce temps, la société était dominée par les hommes ; on voyait d'un mauvais œil les femmes trop indépendantes.

Rebecca Nurse était l'une des femmes les plus pieuses du village. Elle assistait à tous les services religieux en plus de faire les travaux ménagers de l'église. Mais pour elle, croire en un Dieu d'amour était plus important que d'avoir peur du Diable. Sa pendaison sonna la fin des procès pour sorcellerie, mais plusieurs années s'écoulèrent avant qu'elle pût recevoir le pardon pour ses soi-disant crimes.

Le jour où nous avons tourné la scène de la pendaison, j'ai amené Terry sur le site du tournage extérieur. La scène se déroulait dans un cadre sinistre et brumeux. On m'avait hissée dans une charrette et mis une corde au cou. Terry s'assit à une certaine distance de la charrette avec mon assistant, et non moins ami. Le réalisateur cria « Action ! » dans un porte-voix et tous les villageois, les enfants et les adultes se mirent à gémir, à maugréer et à pleurer. Les oreilles de Terry se cabrèrent vers l'arrière et elle se mit à aboyer et à hurler en courant vers ma charrette. Elle tenta d'y monter et comme les complaintes des figurants se firent plus insistantes et bruyantes, Terry devint extrêmement alarmée. Elle ne pouvait pas comprendre qu'il s'agissait ici d'une scène fictive. Quelqu'un la repoussa et elle finit par fuir. Mon assistant la trouva indemne, mais elle ne voulut jamais remettre les pattes sur le lieu de tournage. Terry avait ressenti la « réalité » émotionnelle que nous, les acteurs, avions créée ; elle avait été particulièrement émue du fait que nous avions transformé nos personnalités pour jouer la scène. J'ai réalisé, encore une fois, comment il peut être dérangeant de voir des gens se créer leur propre réalité — dans la vie qui se déroule vraiment autant que dans la vie qui s'enroule sur bobine !

Terry

Lorsque ma MM m'emmena sur le lieu de tournage où elle devait être pendue, j'ai senti qu'elle et les autres acteurs allaient jouer avec leurs sentiments et que cela pourrait me rendre très confuse. Mais je n'avais pas réalisé à quel point ce serait terrible. Je vis de jeunes enfants et des adultes qui jouaient comme s'ils avaient peur d'un certain monsieur le Diable.

Au tout début, j'ai vu MM venir vers moi en costume d'époque, des vêtements de pèlerin. Elle m'a lancé un bâton pour que je m'amuse un peu, mais j'ai senti dans l'air que quelque chose n'allait pas. Tout le monde semblait jusque-là normal avant qu'un homme costaud ne crie : « Action ! ». C'est alors que tous se mirent à émettre des sons tristes. Je ne comprenais pas ce qui les *chagrinait à ce point. Qu'est-ce qui avait pu changer en un si bref instant ?*

Ma MM, une corde au cou dans une charrette, regarda vers le ciel et commença à prier. Je l'avais déjà vue prier au ranch, mais cette fois, c'était terrible. J'ai tenté de bondir dans la charrette pour la sauver, mais une personne m'a repoussée. Tous les gens semblaient maintenant en colère contre moi. Croyant avoir commis un geste déplacé, je me suis donc enfuie. L'ami de MM m'a trouvée et ramenée à sa roulotte où j'entendais encore au loin les plaintes des gens. Ce fut réellement une terrible expérience pour moi. Si c'est cela qu'ils entendent par jouer la comédie, je ne m'étonne pas que, lorsqu'ils cessent de jouer et vivent réellement, leur vie aille si mal. Peut-être qu'ils jouent toujours un peu la comédie dans la vie. Pour ma part, je ne fais jamais semblant sauf si c'est nécessaire, lorsqu'il en va de ma survie.

Lorsque MM revint enfin à mes côtés dans la roulotte, je ne savais pas à quoi m'attendre. Elle n'avait pas été elle-même, quelques instants auparavant. Ou l'avait-elle été ? Comment ces acteurs peuvent-ils simuler des sentiments aussi intenses sans bouleverser ce qui est vrai en eux ? Mais, je crois, de toute façon, qu'ils ont du mal à départir le vrai du faux. Le métier d'acteur demeure un mystère pour moi.

Ma MM s'agenouilla devant moi et me dit qu'elle était vraiment désolée. Elle me rassura en me disant que je n'avais rien fait de mal. Cela m'a calmée, mais je voulais lui parler de cette supercherie qu'est le Diable.

Est-ce que ces femmes furent réellement pendues, simplement parce que d'autres humains prétendaient qu'elles étaient des amies du Diable ? Qui est ce monsieur Diable, au juste ? Je sais ce que pensent les humains à propos du mal, mais qui est cette personne qui incarne ce soi-disant mal ? Les humains ont vraiment une drôle de manière de s'expliquer la vie. Quand verront-ils la Lumière ?

Shirley

Bien que je me demande encore si je dois ou non faire ce film en Irlande, que je me questionne encore aujourd'hui sur le rôle des films dans notre société (surtout quand on voit ce qui est fait), je sais que, dans nos vies, certains films nous touchent plus que tout, mis à part la guerre. Pourquoi le public est-il tant attiré par les films violents ? Ils ont peut-être besoin d'un exemple pour comprendre la violence qui les habite. On ne voyait pas tant de « violence » dans les films de jadis. Avant, les productions cinématographiques traitaient surtout des relations humaines. Je suppose que la violence filmée est le reflet de ce que nous sommes devenus.

Parfois, sur un plateau de tournage, j'ai l'impression de représenter une époque plus chevaleresque du cinéma.

Dans mon travail, on m'appelle aujourd'hui « madame » et non « ma petite » ou « fillette ». Je me retrouve souvent entourée de jeunes artistes et techniciens qui me demandent comment c'était de travailler avec Alfred Hitchcock, Sam Goldwyn, Harry Cohen, Mike Todd, Jack Lemmon, Robert Mitchum, William Wyler, Billy Wilder et d'autres grands noms du cinéma. Les artistes d'autrefois aspiraient à rendre sur pellicule le *pouvoir* de l'esprit humain, tout en offrant un divertissement de qualité. De nos jours, on raconte et on glorifie surtout la *perte* ou la *déchéance* de l'esprit humain. Les artistes de mon temps ne se souciaient guère de la mode, de ce que racontaient les tabloïds et même des recettes du film ou de leur salaire.

Je réalise que j'ai beaucoup appris durant toutes ces années à travailler avec des pourvoyeurs d'images inspirantes ; ces acquis, bien des jeunes artistes d'aujourd'hui ne semblent pas les apprécier : tous les vieux du métier avaient une forte éthique dans leur travail, qui leur venait d'une foi profonde en leur métier. Nombreux sont les gens de l'industrie d'aujourd'hui qui ne ressentent plus le besoin d'exprimer les manques de l'humanité et les beautés qui, sans eux, passeraient inaperçues.

J'ai aussi compris que la danse m'a aidée à demeurer en santé et équilibrée, malgré le stress considérable inhérent au métier d'acteur ; l'acteur est constamment scruté par le regard indiscret du public. Lorsque je travaillais sur la mini-série télévisée sur Mary Kay, la reine des ventes porte-à-porte de cosmétiques, j'ai remarqué que nous avions accumulé beaucoup de retard sur l'horaire de tournage : nous n'avions plus qu'un jour pour accomplir trois jours de travail. Pour nous rattraper, nous avons dû travailler sans répit de 8h30, le jeudi matin, jusqu'à 13h30, le vendredi après-midi. Dans une des scènes que nous avons dû reprendre une bonne douzaine de fois, je devais monter et descendre de grands escaliers. Je crois que tous les membres de la distribution pensaient me voir m'effondrer de fatigue, perdre l'équilibre ou perdre tout simplement mon calme, mais mes années de danse m'ont servi à surmonter ces difficultés. L'éthique de travail et l'équilibre émotionnel acquis jeune vous suivent pour le reste de votre vie.

Il faut être bâti solide pour faire du jeu d'acteur un métier. En effet, l'industrie qui transforme l'illusion en art vous demandera un cœur solide, un esprit déterminé et un corps très endurant. Trop de jeunes artistes contemporains mettent l'importance dans la popularité auprès du public et ne se soucient pas assez de ce qu'ils désirent exprimer par leur talent. Le public les mène tandis que, au contraire, ils devraient amener le public avec eux dans leur monde. De plus, j'ai appris que la création d'un film n'est pas le fait d'un seul individu ; c'est une expérience de groupe, un effort d'équipe et un sport d'endurance. Et plus que tout, c'est un exercice spirituel. Allez voir au-delà de l'image que projette tout artiste et vous découvrirez un chercheur de spiritualité. Lorsque les artistes intègrent le travail à leur quête spirituelle, ils livrent alors, selon moi, le meilleur d'eux-mêmes.

Un de mes plus grands plaisirs, maintenant que je vieillis, est d'être revêche au professionnalisme. Les gens attendent de moi, comme j'ai beaucoup de métier, que j'insiste pour qu'on observe une éthique rigoureuse de travail. Ils veulent que j'assoie l'autorité de mon expérience. Si je ne suis pas excentrique, exigeante, dure et un peu pénible avec mes confrères et consœurs de travail, je déçois les gens ! Je trouve, quant à moi, que prendre de l'âge est beaucoup plus agréable quand la petite folie est de la partie. D'ailleurs, je m'amuse souvent à laisser croire à mes collègues que je parle à Dieu !

Terry

Ma MM voit que la nature se porte très bien d'elle-même. La nature est l'efficacité même : rien n'y est injustifié ou insignifiant. Elle est, pourrions-nous dire, à l'image du meilleur réalisateur de cinéma. Elle fait de bons films. Tout être vivant a un rôle à jouer et un but à atteindre. Il ressort de la somme du jeu de tous ses acteurs un seul et unique message harmonique. Mais ni la nature ni la réalisation de films ne se joue dans une arène démocratique. L'autorité suprême dans la nature est le Divin. L'autorité suprême dans la création d'un film est le metteur en scène. À l'instar de ce dernier, le Divin a une vision de sa création : ceux qui défient l'autorité de l'un comme de l'autre vivront des moments difficiles. Le Divin et le metteur en scène peuvent être démocratiquement ouverts aux suggestions, mais en définitive, c'est la voie du maître qui sera empruntée. Les humains n'écoutent pas le metteur en scène divin de la nature et plusieurs d'entre eux lui donnent beaucoup de fil à retordre. Comme j'ai pu l'observer, la création d'un film peut être une expérience divine ; mais si on refuse d'écouter ou d'embrasser la vision de celui qui est sur la chaise où l'on peut lire « director », que ce soit sur le plateau ou aux Cieux, on sera écarté de la production.

Shirley

J'emmène parfois Terry dans mes réunions d'affaires, car elle transforme complètement l'ambiance de ces rencontres. Tous croient au début qu'on y discutera d'horaires ou d'argent. Mais Terry désarme tout le monde dès qu'elle fait son entrée. Nous chérissons tous le désir naturel de retourner dans l'enfance et c'est l'enfant en nous que Terry réveille. Les enfants n'ont que faire de l'argent et des horaires. Les gens sont confus lorsqu'ils voient que j'ai apporté ma chienne, mais, après quelques minutes, ils comprennent qu'elle est habitée de sagesse : elle n'a pas besoin de plus de vingt ou trente minutes pour leur faire découvrir la sagesse qui sommeille en eux.

J'aime particulièrement amener Terry aux conférences scénaristiques, car le metteur en scène, le producteur et les acteurs y jouent des rôles même si la production n'a pas encore débuté. Terry semble comprendre qu'il y a plusieurs personnages dans la salle. J'adore la voir réagir devant des producteurs qui jouent les durs à cuire. Ces personnes n'aiment généralement pas dévoiler l'enfant en elles. C'est toujours sur les genoux de ces gens que Terry décide d'aller s'asseoir. Ce contact transforme la vision du producteur : il ne pense plus à rentabiliser son film et devient plus sensible à la portée artistique du projet.

Amener Terry faire des courses au centre d'achat a également un profond impact sur les gens. À la vue de ce petit animal amical qui vient sauter sur eux, ils oublient leur culpabilité de consommer plus que ne le permettent leurs moyens. C'est également vrai pour moi. Dans une cabine d'essayage, Terry regarde tous les vêtements que j'enfile. Si elle saute sur moi, c'est ce vêtement que j'achète. Dans une animalerie, si elle voit un jouet qu'elle désire, elle s'assoit devant et le fixe du regard. Je comprends son langage muet — et elle obtient ce qu'elle veut.

La ville de New York peut être l'hôte d'intéressantes expériences canines. Dans cette immensité citadine, tout un chacun semble être dans sa bulle, pressant le pas pour fuir le retard de certains rendez-vous. Les gens se parent d'un idéal d'autonomie, comme pour cacher leur propre vulnérabilité. Bien que les New-Yorkais soient plus longs à décontenancer, lorsque Terry bondit en tous sens, ils finissent toujours par s'attendrir. Lorsque je me rends dans des endroits huppés de New York, où les gens célèbres et les photographes abondent, je remarque à quel point l'esprit de compétition s'amenuise lorsque Terry entre en scène. (Les stars se rappellent peut-être aussi le fameux conseil de W. C. Field qui dit de ne pas se faire photographier avec des chiens ou des enfants !)

Terry

La compétition peut amener les gens à se mesurer les uns aux autres de manière très destructive. Ils devraient plutôt jouer de compétition avec eux-mêmes pour ainsi gagner en confiance.

Nous étions à New York, je me le rappelle, et ma MM était en réunion avec un scénariste très fantasque. Elle lui demandait d'apporter quelques changements à une scène. Ils commencèrent à se disputer. Le scénariste voyait dans cette demande un empiètement sur son territoire créatif. J'en connais beaucoup question territoire et j'ai bondi sur ses genoux. Il fut tout d'abord surpris, mais il commença bientôt à me câliner et MM obtint ce qu'elle voulait. Elle et moi faisons une bonne équipe artistique et la vie, c'est de l'art.

Il serait bon que les membres de l'ONU soient accompagnés de leurs chiens lors des séances de l'organisation. Je pourrais porter un tchador pour chien. Lorsque les gens se disputent et qu'ils se traitent de singes, nous pourrions aboyer. Lorsqu'ils utilisent des insultes encore plus ignobles et qu'ils deviennent encore plus furieux, nous pourrions sauter sur leurs genoux et leur tirer la barbe. Puis, nous mordillerions leur nez jusqu'à ce qu'ils acceptent d'agir dans un respect mutuel, ce qui revient à dire qu'ils se respecteraient eux-mêmes.

Shirley

Des nuages gonflés d'inquiétude obscurcissent mon ciel.
Je ne veux pas partir pour l'Irlande et laisser Terry. Cette
séparation éventuelle tourne à l'obsession. Jouer dans un
bon film, est-ce ma priorité ? J'ai toujours fonctionné par
priorité. L'idéal serait de jouer dans un film qui raconterait
ce que je vis en ce moment. Mais quelle en serait
l'intrigue ? Où trouverais-je le matériel pour créer la
tension dramatique ? Peu de gens ont vu *Les sorcières de
Salem*, qui, je pense, révélait un important aspect de
l'histoire spirituelle des Américains en dépeignant notre
tendance à voir le Diable chez l'autre.

Le soleil se lève et se glisse ensuite derrière une bande
de nuages noirs. Au loin, nous entendons le faible
roulement du tonnerre. Le temps est ici, comme moi,

maussade. Dois-je voir dans le comportement de la nature ma propre réflexion ? Terry et moi marchons sur notre terre et cette idée me vient en tête : être une « personne âgée » dans notre société a ses avantages et ses inconvénients. Je sais que vieillir n'est pas fait pour les poules mouillées, comme la randonnée d'ailleurs, mais je sens que la sagesse accumulée et la paix intérieure grandissante ont bien valu l'attente. Or, j'en veux davantage. Je suis heureuse à l'idée de ne plus revivre ma jeunesse, du moins pas durant ma présente visite sur Terre. Je suis plus encline à faire travailler et à accepter mon corps maintenant que je ne le combats plus.

En voyage en Argentine, j'ai vu une publicité annonçant des billets peu dispendieux pour un spectacle de vaudeville qui mettait en vedette la grande Maya Plisetskaya. Je n'en croyais pas mes yeux : la seule et l'unique Maya Plisetskaya, une des meilleures ballerines de tous les temps, dansait encore à son âge, dans la soixantaine, et pour une maigre pitance, qui plus est. Je l'avais vue à plusieurs occasions s'exécuter sur les planches du Bolshoi en Russie et, lorsque la troupe de ce célèbre théâtre était venue donner des représentations aux

États-Unis, nous étions devenues amies. En pleine Guerre froide, j'ai organisé une soirée pour elle et la troupe du Bolshoi, chez moi. C'était à une époque où les Américains présumaient que la répression systématique s'étendait à toute la société soviétique. Malgré la présence du KGB, j'ai pu voir une telle liberté de comportement chez ces Russes, des actes de sensualité non réfrénée que la plupart des Américains n'auraient pas osé poser même en privé. À deux heures du matin, j'ai servi du galliano à la troupe de danseurs russes et ils se sont tranquillement dispersés sur mon terrain. Ils ont disparu derrière des arbustes en fleurs et des arbres, pour faire, je suppose, ce que les danseurs de partout dans le monde font lorsque leur système contient assez de galliano. Même certains officiers du KGB trouvèrent leur chemin dans ce bois et manifestèrent une présence toute différente !

Ma curiosité piquée, j'achetai le billet pour ce spectacle en Argentine. Est-ce que Maya Plisetskaya danserait vraiment encore pour moi ? Elle apparut au milieu du spectacle dans son costume célèbre de cygne. Elle était la référence pour ce rôle et, à soixante-cinq ans, elle était toujours capable de rendre les pas de bourrée et l'élégance dans la gestuelle du cygne à l'agonie. Or, je ne pouvais pas m'empêcher de penser comment il était humiliant que Plisetskaya dût danser sur une scène de vaudeville en Amérique latine pour, présumais-je, être en mesure de joindre les deux bouts. Lorsque le public se leva pour l'ovationner et qu'elle revint pour un rappel, je fus frappée par l'intensité qu'elle mettait dans sa danse à cet âge tout de même respectable. Margot Fonteyn m'a un jour dit : « Lorsque nous sommes assez vieux, en tant que danseurs, pour savoir ce que nous faisons et comprendre la complexité de nos mouvements, nous sommes déjà trop vieux pour danser ».

Plisetskaya dansant la mort du cygne est une image qui ne m'a jamais quittée. Elle évoque en moi la manière dont nous entraînons notre passé dans le présent. Je ne peux plus danser devant un public d'une façon que je trouverais acceptable, mais jouer la comédie, c'est différent. Actrice, je suis la toile de ma compréhension où mes expériences se peignent dans des teintes plus riches à mesure que je prends de l'âge. Aujourd'hui, je suis plus que jamais capable d'exprimer un large éventail d'émotions complexes. Il m'arrive de me soucier de mon apparence sur scène ou devant les caméras, mais comme nous, les actrices plus vieilles, le savons, le secret pour bien paraître, c'est l'expert éclairagiste qui les connaît. Le soleil brille maintenant sur mon visage et ses rayons sont impitoyables. J'aimerais avoir un plus grand chapeau ou une bonne crème solaire. Ces collines sont escarpées et je suis exténuée, mais comme Art Linkletter l'a dit un jour : « Il vaut mieux être sur la colline que sous elle ».

Terry

Tandis que ma Mère et Maîtresse examine son existence, je sens qu'elle se demande si ses jours de libre expression sont terminés. Ils ne le sont pas. Avec l'âge, elle en viendra à la conclusion qu'il y aura toujours de plus en plus de place pour l'expression de son être. Je veux qu'elle s'exprime jusqu'à ce qu'elle n'ait plus assez d'énergie ! Et ce qu'elle exprime sera d'autant plus important si j'ai mon mot à dire.

La mémoire est un sujet qui commence à tracasser ma MM. Je les vois, elle et ses amis de son âge et des bien plus jeunes, oublier constamment des choses. Ils ne se rappellent pas le numéro de téléphone d'un bon ami. Ils oublient même parfois le nom de l'ami en question. Ils ne peuvent se souvenir de l'endroit où ils ont mis les clefs de leur automobile et lorsqu'ils les trouvent enfin, ils ne se rappellent plus pourquoi ils les cherchaient ! Je suis donc consciente que ma Mère et Maîtresse est bouleversée par ses pertes de mémoire, mais je sais que, en vérité, elle vit une période d'élévation de sa compréhension, qu'elle se concentre davantage sur l'important et délaisse les détails superflus.

Je n'aime pas voir ma MM s'irriter parce que sa mémoire lui fait faux bond, car je sais qu'avec mon aide, elle pénètre tranquillement dans d'autres dimensions. Parfois, lorsqu'elle oublie ce qu'elle devait faire, elle se dit à elle-même : « Je ne sais pas ce qui se passe avec ma tête. » Dans ces moments, je m'approche et place ma tête sur son genou jusqu'à ce qu'elle me flatte. Je lui dis alors de laisser sa mémoire en paix, puis elle se détend, me soulève et me prend dans ses bras, ce qui me dit qu'elle a compris le message. En parlant de l'importance des messages, je lui ai dit, et elle comprend, qu'elle ne devrait pas me soulever en me prenant sous mes pattes de devant, car cela est mauvais pour mes épaules. Ce qu'elle fait maintenant, Dieu merci, c'est de me prendre à deux mains par le ventre. Cette manière de me soulever est beaucoup plus confortable. Il est nécessaire que tous sachent comment nous prendre, nous, les personnes poilues.

Shirley

Terry tente de creuser dans une butte où une colonie de fourmis s'est installée. Je lui dis : « Non, Terry, Non », elle cesse de creuser et me regarde. Parfois le mot « non » m'est trop pénible à prononcer, car les oreilles de Terry s'aplanissent de peur chaque fois qu'elle l'entend. Est-ce de la peur ou de la honte ? Peut-être est-elle seulement déçue que je ne puisse pas trouver une façon plus positive de m'exprimer.

Terry

Je ne perçois pas le mot « non » comme une attaque. Je me recroqueville parce que ma MM a peur pour moi sans raison et elle m'effraie lorsqu'elle a peur. J'aime lui faire plaisir mais ce n'est pas en ayant peur comme elle que j'y arriverai. Il n'y a rien à craindre des fourmis. Elles sont des êtres vivants comme nous et elles savent que je fais ce qu'un chien doit faire.

Les animaux, les insectes et les plantes sont des formes de vie tellement plus proches de l'essence spirituelle de Dieu que ne le sont les humains ! Je le sais parce que nous discutons abondamment du sujet entre nous. Dieu est en tout ce que nous voyons, c'est donc dire que Dieu est aussi dans cette colonie de fourmis. Les fourmis elles-mêmes ont une connaissance de l'Esprit qui déjoue le pouvoir du raisonnement humain. Je souhaiterais que MM comprenne cela. Je vois son « non » comme un problème qu'elle entretient avec sa propre peur. Elle a oublié que les fourmis sont une parcelle de Dieu. Il est vrai que sa peur est une création de son esprit et rien de réel. De cette perception naissent la notion de danger et le besoin de contrôler, de défendre, d'où ce « NON ! ».

Ma MM regarde toujours autour d'elle en se demandant : « Quel est le sens de tout ceci ? ». Mais en me voyant creuser dans un repère de fourmis, pense-t-elle, pour le simple plaisir de creuser, elle comprend que tout n'a pas besoin d'utilité et d'explication. Je suis, un point c'est tout. Je n'ai pas d'ego. C'est l'ego qui pousse à l'ambition, au succès ou à l'échec, vers de nouveaux buts qui sont toujours à la limite de l'inatteignable. La vraie vie, c'est ce qui se déroule entre les activités. Le chemin est le but. Si elle aimait simplement ce qu'elle fait, elle ne chercherait pas toujours à atteindre un but.

Nous, les animaux de compagnie, avons une place importante dans les familles humaines, parce que nous apportons une joie qui leur manque. Nous les aidons à réaliser que leur seule raison d'exister est d'être heureux.

C'est ce que Dieu veut pour nous. C'est le bonheur que MM voit lorsqu'elle plonge son regard dans mes yeux attendrissants. Il est triste de savoir qu'on n'apprend pas aux humains comment trouver le bonheur. On ne leur apprend pas cela lorsqu'ils sont jeunes et encore moins à l'école. La première leçon qu'ils donnent à leurs enfants et à leurs animaux est : « Non, tu ne peux pas faire ceci et tu ne peux pas faire cela ». Les humains sont cependant conscients que ce qu'ils chérissent en nous est notre capacité de vivre dans une réalité affranchie des limites du temps, de la peur ou des jugements.

Sans prendre en compte les bons ou mauvais traitements qu'ils nous réservent, nous les accueillerons toujours avec notre amour inconditionnel. C'est cette richesse qu'ils pourraient se donner eux-mêmes. Un ami de MM a un jour dit : « Je préfère rentrer à la maison et me faire accueillir par mon chien que par une personne, car mon chien, au moins, ne me dira pas à quel point j'ai gâché sa vie ». Nous sommes ici pour les accepter tels qu'ils sont.

MM et moi pouvons faire la même balade chaque jour et, pour moi, ce sera toujours une aventure trépidante. Les humains sont attachés au passé et craignent le futur ; ils finissent donc souvent par cultiver leur malheur au présent. Je suis la créatrice du monde que je désire voir ; je réinvente le monde à chaque instant. Je ne vis que dans le présent et c'est pourquoi je peux sauter sur MM avec la plus grande joie quinze minutes après qu'elle m'ait réprimandée pour avoir creusé dans une butte à fourmis. Cela ne veut pas dire que j'ai très mauvaise mémoire, cela signifie seulement que je suis libre, que je ne m'enchaîne pas au ressentiment.

Dieu veut que les gens vivent ainsi. Je connais les sentiments de MM à mon égard. Je suis sa bénédiction et, quand je suis près d'elle, elle se sent bénie. J'ai moi-même des « problèmes » dans ma vie, mais ils ne m'amènent jamais loin de mon essence spirituelle. Je vis toujours en accord avec ma vie intérieure. Je sais que j'apporte de la joie à la plupart des gens qui me voient sur la plage, sur la rue, dans un taxi ou dans un ascenseur à New York ; je sais que j'apporte de la joie dans le cœur de toutes mes rencontres sur le ranch — même aux fourmis. À cause de la joie qui émane de moi, ma MM voit comme des reliques saintes le tapis sur lequel je suis couchée ou *la chaise qui me sert de lit à la sieste. Je ne joue pas les arrogantes, loin de là. Ma MM ressent mon énergie sur les objets qui m'ont accueillie un temps et je veux que cette énergie reste auprès d'elle lorsque je n'y serai plus. Je la veux toujours près de moi pour que mon corps menu puisse lui insuffler la sagesse de mon Esprit.*

Lorsque je fais quelque chose qui déplaît à MM, je ne me sens pas coupable. La culpabilité est en quelque sorte l'enfer des vivants. Elle est fondée sur un sentiment d'avoir péché. Mais qu'est-ce qu'un péché ? Il n'existe rien de tel en ce monde. Nous faisons tous partie de Dieu et Dieu ne peut pas commettre le péché ? Dieu est la perfection. Dieu est amour. La perception des gens qui se croient pécheurs est trompée par l'illusion d'être séparé de Dieu. Ce n'est qu'en étant séparé de Dieu qu'il est possible de pécher. Mais rien n'existe en dehors de Dieu. Et si Dieu est tout ce qui existe, alors le péché ne peut exister. La pureté est une promesse de Dieu qui fait de nous tous des êtres d'amour et de lumière.

Si les gens sont réellement en contact avec le Dieu en eux, alors ils peuvent toujours entendre Sa voix. L'Esprit de Dieu me parle et me nourrit. Oui, MM veut toujours être avec moi. Lorsqu'elle croit avoir des raisons de se fâcher, lorsque le monde semble lui en imposer, je suis près d'elle. Je ressens son trouble et parfois cela me désarçonne, mais je lui dis alors que sa colère résulte d'un manque de compréhension très simple d'une réalité tout aussi simple : Dieu est tout. Dans ces moments difficiles, elle doit embrasser cette réalité et chasser l'illusion d'être en colère : « Ta colère n'a pas lieu d'être. Rien ne te met en colère. Pourquoi ne comprends-tu pas cela ? ».

Rien ne doit être fait, car tout existe déjà. MM me demandera comment il est possible de vivre ainsi. Je l'observe lorsqu'elle a des moments de doute, de colère ou de souffrance. Je ne fais que regarder. Lorsque je sens que le moment est bon, je viens lui poser une patte sur le genou ou je cours d'un bout à l'autre de la pièce et lui saute dans les bras. Je la rassure en lui prouvant que je suis bien réelle et non l'une de ces illusions inconfortables. Lorsqu'elle regarde mes yeux et que je lui lèche le visage, je lui dis : « Ton meilleur intérêt est de savoir que tu peux simplement faire confiance. Je te fais confiance, pourquoi ne me fais-tu pas confiance ? »

Shirley

J'aperçois maintenant une lumière dans les yeux sombres de Terry. Dans cette lumière, je vois la profondeur d'esprit, la patience, l'intemporalité, l'absence de peur et une force tranquille. Elle incarne le paradoxe d'une vulnérabilité et d'une confiance totales, qui chassent toute menace. Lorsqu'elle plonge son regard dans le mien, c'est comme si elle me pardonnait ce que je ne pardonne pas et, par le fait même, elle me rappelle que le pardon n'est même pas nécessaire. Non, je ne veux pas partir et la laisser derrière moi.

Terry

Pourquoi ma MM croit-elle encore que seul un accomplissement peut l'amener au bonheur ? Elle sait que les buts ne sont qu'illusions, mais elle s'obstine : « Et le travail ? Qu'en est-il de mon besoin d'établir de bons rapports avec autrui ? Et mon estime personnelle, ne sera-t-elle pas dévastée si je n'excelle pas dans mes entreprises ? ». Ce à quoi je réponds : « Regarde-moi, je n'ai nul besoin d'accomplir quoi que ce soit et je n'ai aucun regret. Je suis toujours en contact avec la lumière en moi. Te rattacher aux soucis ne fait que t'empêcher de voir la lumière qui brille en toi. Les personnes contre qui tu ressens de la colère sont des illusions. Pourquoi ne les délaisses-tu pas ? ».

En regardant le ciel au sud-ouest, au loin, je vois un objet rond qui brille de tous ses feux. Il danse entre les bandes de nuages en se rapprochant de nous. Je sais ce que c'est. C'est un de nos amis venus des étoiles. Les humains les voient aussi, car j'ai entendu des gens raconter des histoires de vaisseaux volants qui apparaissent et disparaissent aussitôt dans les montagnes de la région.

Un de nos invités a raconté qu'il était assis dans le jacuzzi de MM, au coucher du soleil, lorsque trois objets ronds étaient sortis de la montagne ; ils flottaient dans les airs, haut au-dessus de sa tête. Il raconta qu'il n'avait pas pu croire ce qu'il voyait. Il dit qu'il avait senti un parfum de roses et ressenti qu'on voulait « toucher son esprit ». Après avoir flotté quelques minutes, les vaisseaux s'élevèrent verticalement et disparurent dans la montagne. Il a dit à MM qu'il avait senti une forte énergie spirituelle et remarqué, peu après, que sa vie changeait. Tout devenait plus clair. Ils savait maintenant ce qu'il devait faire et était bien plus heureux. Il rencontra un être merveilleux et tomba en amour. Il avoua que sa vie était devenue un rêve. Eh bien, sachez que la vie est un rêve et les gens peuvent en faire tout ce qu'ils veulent. Ils en ont le pouvoir, mais ne le réalisent pas.

Un vieil ami chien à moi, qui ne pouvait presque plus marcher sur ses pattes tant elles étaient affaiblies par l'arthrite, décida un jour que son temps était venu. Il disparut dans les bois durant l'absence de sa famille d'adoption. Son maître le rappela à lui et il obéit. Le chien parla en silence avec sa famille de tous les bons moments qu'ils avaient partagés et lorsqu'il reprit sa route, boitant vers les bois, les membres de sa famille surent qu'ils ne le reverraient jamais. Mais un jour, après sa mort, il suivit sa famille lors d'une de leurs marches. Il décida de devenir un chien de rêve et courut très vite vers eux. Il salua sa famille chérie mais ne s'arrêta pas pour les laisser le toucher et le cajoler. Néanmoins, il était revenu pour leur dire qu'il se plaisait dans sa nouvelle vie et que maintenant il pouvait courir aussi rapidement qu'il le désirait.

Plusieurs de mes amis qui ne sont plus de ce monde reviennent en rêve auprès de leurs compagnons humains. Ils se collent contre eux et leur offrent toute leur chaleur ; ils donnent de petits coups de pattes et de museau jusqu'à ce que leurs maîtres se réveillent. Ils font cela pour rappeler à leurs chers humains que rien ne meurt jamais. L'amour change simplement de forme.

Je connaissais un petit garçon de trois ans qui adorait le chien d'un de ses voisins. Une nuit, le chien mourut dans son sommeil et le garçon se réveilla en criant : « Le chienchien est mort, le chienchien est mort ! ». Il faut savoir qu'il est plus facile de communiquer avec les jeunes personnes qu'avec les adultes.

Plusieurs d'entre nous réveillons nos MM pour les avertir d'un danger imminent comme un feu, une fuite de gaz ou la présence d'un intrus. Je n'ai pas eu à le faire jusqu'ici, mais je n'hésiterais pas si cela s'avérait nécessaire.

Shirley

Terry et moi sommes plongées dans un état méditatif profond. Je viens de voir un objet volant dans le ciel. Il brillait d'une lumière vive et flottait au-dessus de nous. Il a disparu ensuite dans le flanc de la montagne Sierra Madre. Ce n'est pas la première apparition dont je suis témoin, mais chacune de ces visions extraordinaires a le pouvoir de m'imposer le silence. Quel est cet objet ? Je crois que Terry l'a également vu. Je remarque que les arbres sont figés, tout comme l'étang et les nuages. Tous les animaux sont immobiles, parfaitement en contact avec ce point énergétique fixe, que je tente moi-même d'atteindre en mon être. Une douce brise commence à souffler sur cet immobilisme et une faible pluie rafraî-chissante se met à tomber. Puis, un frisson tiède me traverse. Est-ce cela qu'ils appellent le frisson de la Vérité ? Je m'efforce de comprendre, mais en vain. Je ne vibre pas totalement en harmonie avec les rythmes de la nature et je me sens étrangère à ce qui vient de se produire.

En cette longue fin de semaine pascale, les personnes qui travaillent d'ordinaire sur le ranch sont dans leur famille. Je vois Terry et ses frères et sœurs animaux qui scrutent le ciel. Ont-ils intuitivement compris l'événement qui vient de se produire ? Que ressentent-ils ? Qu'est-ce qui habite leurs esprits et leurs âmes ? Entendent-ils l'appel d'une conscience extraterrestre ? Quels messages perçoivent-ils ? Souhaitent-ils m'éveiller à une vérité quelconque ? Les chiens relèvent davantage leurs truffes et reniflent l'air. Est-ce que ces vaisseaux ont des occupants à leur bord et, si c'est le cas, sont-ils les enfants de Dieu ? Connaissent-ils la peur ? D'où vient la peur, d'ailleurs ? Comment en sommes-nous arrivés à craindre Dieu ? Qu'est-ce que cela signifie ? Devons-nous craindre la force même qui nous a créés ? Lorsque nous devenons immobiles et que nous nous éloignons des nombreuses distractions du monde « civilisé », nous pouvons enfin entendre la vérité. Libre de tout, comment l'amour peut-il être craint ? Avons-nous choisi de croire que Dieu doit nous inspirer la peur parce que nous craignons l'amour dont nous sommes capables ? Sommes-nous inconfortables avec cette force tranquille et sa certitude immuable ?

Terry

J'aime être ici, un bâton entre les dents, sans savoir pourquoi je l'ai ramassé ou ce que j'en ferai. J'aime simplement être ici. Si je ressens la présence d'un vaisseau, je ne suis pas dérangée, car je sais ce qu'il est. J'en ai vu plusieurs. Je suis parfaitement heureuse avec mon bâton dans la gueule, à ne rien faire. Dans une minute, je le grugerai peut-être, et, si j'en décide ainsi, ce bâton me satisfera totalement. Il n'a pas peur de moi. Je sais qu'il n'a pas peur, car je peux sentir son énergie et elle ne connaît pas la peur. Toute chose et tout être sont énergie. Donc, pourquoi avoir peur ? Nous devrions simplement être attentifs.

Ma MM me regarde traîner le bâton sous un arbre, qui m'offre son ombre en cette fin de semaine ensoleillée et magique de Pâques. Elle regarde partout, car elle ne sait que penser du monde qui l'entoure. J'aimerais qu'elle joue avec moi, mais ma MM est trop prise par ses pensées et ses interrogations.

Je sais que, pour elle, les jeux canins ressemblent parfois à des combats, mais nous reconnaissons la différence entre le jeu et le combat par les intonations de nos grognements. Nous nous assurons en plus de nous mordre au cou, là où la peau est abondante et où notre fourrure est assez épaisse pour prévenir les blessures. Oui, nous vivons en hiérarchie et oui, nous avons nos querelles, mais nous réglons nos différends sans verser le sang. Lorsque nous nous battons pour établir notre supériorité ou que nous chassons un mâle qui tente d'accaparer l'attention d'une femelle, nous ne nous battons pas jusqu'à la mort, nous arrêtons lorsque l'un des chiens expose sa gorge en signe de paix. Nous n'avons pas d'équivalent à la guerre qui inquiète tant ma MM. Comment voyons-nous la guerre, nous, les chiens ? Nous trouvons la guerre stupide, car elle détruit des êtres vivants. Nous détestons la guerre, car si elle va trop loin, nous n'aurons plus rien pour jouer.

Shirley

Comme je contemple le royaume de Dieu, je tente de me rappeler un temps où la paix y régnait, où la violence n'avait pas sa place. J'aimerais disparaître plus souvent dans les paysages que je contemple, me rendre là où les soucis n'existent plus, là où les pensées passées et futures n'ont pas cours et où la conscience n'est que l'instant présent du monde. Un jour, étant toute jeune, tandis que je marchais devant un jardin de pensées aux couleurs chatoyantes, je me suis soudainement sentie devenir ces fleurs : j'étais habillée de leurs couleurs, je dégageais leur parfum et leur essence. Dans ces moments magiques, j'ai trouvé une totale félicité que je ne pourrai jamais oublier. Je vois Terry vivre comme cela à tous les jours. En ce moment, elle enfonce sa petite truffe dans une fleur de désert et elle hume sa blancheur immaculée. Elle ira bientôt grignoter des herbes dans mon jardin.

Que voulons-nous dire lorsque nous parlons de l'amour que nos animaux domestiques nous offrent ? Sont-ils toujours dans une transe spirituelle, un état de conscience au-delà des jugements ?

Le fils d'une de mes amies est mort, assassiné. Non seulement elle a trouvé la force de pardonner au meurtrier, mais elle s'est aussi portée garante pour lui. À sa sortie de prison, elle accepta d'en être responsable et elle l'accueillit dans sa maison. Sachant qu'elle et moi partagions une croyance en la loi du karma, le principe bouddhiste de cause à effet, je lui ai demandé : « Crois-tu que, à un certain degré, tu as joué un rôle dans la mort de ton fils ? ». Cette possibilité était très difficile à admettre et je craignais sa réponse, mais elle m'a dit oui. Elle croyait que la leçon à apprendre du décès de son fils était nécessaire pour qu'elle apprenne à pardonner. Notre karma joue toujours un rôle dans nos vies.

Mon amie avait rompu ses liens avec Dieu avant la mort de son fils. Elle reprit ensuite contact avec l'Esprit et comprit l'importance des lois du karma dans nos vies. Elle comprend que ce que nous offrons nous revient inévitablement. Elle savait aussi que ce n'était pas un système punitif, mais bien une loi de la nature, la Loi de l'Unicité. Par son expérience et avec la sagesse qu'elle y trouva, mon amie devint un phare d'espoir pour autrui. Elle est en paix et heureuse aujourd'hui, malgré la terrible tragédie vécue.

Je regarde Terry et me demande si mon amour pour elle n'est pas une manière de compenser mon absence dans la vie de ma propre fille. Est-ce que Terry est ma nouvelle fille ? Aurais-je pris plus de plaisir à élever mon propre enfant si j'avais réalisé plus tôt ce que je sais aujourd'hui ? C'est possible. Je ne savais pas, à l'époque, comment être là pour moi-même, et encore moins pour les autres.

Cela semble presque ridicule à dire, mais il est tellement plus facile d'élever un chien, en partie parce que sa personnalité et son corps ne sont pas mon legs ; de plus, je ne peux pas le corrompre en étant un mauvais modèle. Terry est visiblement et complètement elle-même. Elle jappe, elle lèche, elle joue et elle aime. C'est aussi simple et aussi infaillible que cela. Bien que son identité soit infinie, elle m'enseigne que toute la sagesse est dans le moment présent. Avec nos enfants, nous nous inquiétons sans cesse de l'avenir, du leur et du nôtre.

Je contemple ma terre qui est baignée de paix, empreinte de signification, et je tente de voir comment je pourrais me réintégrer dans le « vrai » monde. Sachant qu'il n'est qu'illusion, pourquoi désirerais-je y retourner ? Le monde me semble si malade en ce moment. Est-ce uniquement parce que je le perçois ainsi ? Si oui, pour changer le monde, je dois changer mes propres perceptions. Je ne veux pas vivre dans un monde où tous sont esclaves de l'ambition, de la technologie, du pouvoir, de la terreur, de la compétition, de l'anxiété et de l'avidité. Je ne veux pas permettre l'incarnation de ces forces obscures en croyant qu'elles existent. De manière subtile, j'ai vu le monde se transformer autour de moi par ma façon de le percevoir. Serait-ce possible qu'aucun monde n'existe en dehors de nos rêves collectifs et individuels ?

Quand ma mère était mourante, elle a eu une vision : tous les gens dans le monde étaient des cœurs battant à l'unisson, tous reliés entre eux par un fil doré. Juste avant de rendre son dernier souffle, elle m'a dit qu'elle souhaitait que tous puissent voir ce fil unificateur, car en l'apercevant, nous ne pourrions plus jamais être malheureux. Ce moment me rappela une vision qu'elle avait eue des années plus tôt, où les arbres, la Terre et même les humains étaient habités d'une lumière intérieure ; un vent doux soufflait en cette lumière. Il y avait aussi de la lumière *dans* la Terre qui irradiait vers la surface et sortait de ceux qui y vivaient.

Malgré toutes ses visions stupéfiantes, alors que le temps du trépas approchait, ma mère disait à ses médecins qu'elle ne pouvait plus voir. Après une batterie de tests, les spécialistes ne purent trouver d'explication à sa cécité. Je crois simplement qu'elle ne voulait plus voir : elle se contentait de ses visions internes et se libérait ainsi des tracas de la vie. La vie de ma mère a été souvent difficile, mais à la fin, tout était simple. Il n'y avait pas de complications, juste de l'amour. Elle demandait parfois à être seule dans sa chambre avec son chat, Gypsy. Je pense que le caractère mystique de son félin la réconfortait. Elle lui posait sûrement des questions sur le grand mystère qui allait bientôt lui être dévoilé. C'était aussi une manière de prendre du recul par rapport à notre amour inquiet.

La transition de mon père dans l'autre monde ne fut pas aussi courte. Chaque jour, il racontait à ses infirmières et médecins les voyages que son âme avait entrepris la nuit précédente, où il avait visité son père, sa mère et des amis. Ces personnes lui parlaient. Elles lui racontaient sa vie avant sa naissance ou l'histoire de la Terre et de l'humanité. Tous les matins, les infirmières et les médecins de l'institut Johns Hopkins venaient assister à ce séminaire informel au chevet de mon père. C'était remarquable de voir des hommes de médecine, des scientifiques, croire qu'une personne sur le seuil de la mort avait accès à de l'information privilégiée et à un savoir supérieur.

Un des meilleurs chirurgiens de l'institut Johns Hopkins m'a dit plus tard que, durant ses opérations, il se sentait souvent guidé, comme si ses mains étaient tenues et mues par un maître invisible. Il m'avoua avoir appris à se laisser aller et à faire confiance à cette force qui guidait ses mouvements. Il avait ainsi atteint une rare habileté et sauvé des centaines de vies.

Terry

Plusieurs anges s'efforcent de guider la race humaine, mais leur tâche n'est pas aisée parce que les humains ne croient pas à leur existence. Cela n'a pas d'importance, néanmoins, car tout se déroule comme il en a été décidé, il y a très longtemps. Je souhaite simplement que les gens soient plus ouverts et plus sensibles aux conseils des anges. Ils éviteraient ainsi beaucoup de souffrance. Les gens vivent de manière malsaine. Ce que je vis est tout autre. Je demeure dans l'Esprit et je suis équilibrée. Je ferme les yeux et me plonge dans l'immobilité qui est source de perfection.

Shirley

La pluie a cessé. Les chiens et moi partons marcher sur un sentier qui sera jonché de cônes de pin et de baies de genièvre. Jadis, cette terre accueillait les racines d'immenses pins ponderosa et de hauts herbages élancés. C'était avant l'arrivée de l'homme blanc et de ses troupeaux. Des millions d'années avant cela se trouvait ici une vaste savane où rôdaient les dinosaures. Je me demande parfois si leurs esprits flottent encore en ces lieux, témoins silencieux des vagues successives et infinies de changements. S'ils sont là, ils laisseront connaître leur présence à Spooky, mon chien dominant qui ouvre toujours la marche de nos excursions.

Terry, Sheba et le reste de la bande m'accompagnent et le soleil est en moi. Lorsque les chiens sont à mes côtés, je suis plus alerte dans le monde qui m'entoure. Je remarque les bourgeons de printemps que la nuit a vu éclore et j'imagine la fonte des neiges en altitude qui vient gonfler le ruisseau qui coule près de nous. Je m'étends à plat ventre dans les flots du cours d'eau sans ôter mes vêtements, en pensant au cycle de purification de l'eau qui s'effectue à tous les cent mètres. Les chiens me regardent, tranquilles. Je fais partie de la meute et j'en suis l'aînée. Ils ne se jettent pas dans l'eau et ne jappent pas. Ils attendent. C'est comme s'ils savaient que je ne veux pas qu'ils troublent l'eau, que je veux savourer sa pureté. Je suis différente d'eux, mais pourtant l'une d'eux.

Il m'est difficile d'expliquer la liberté que je ressens en buvant cette eau glacée qui coule sous mon nez et ma bouche. Primitive, je profite du présent sacré que la nature m'offre.

Terry

Tandis que MM se plongeait le visage dans le ruisseau, j'ai aperçu deux lièvres qui se pourchassaient. Ils se sont arrêtés subitement et l'un d'eux a monté l'autre. Au début, je ne savais pas ce qu'ils faisaient. Puis, je me suis éloignée pour leur laisser de l'intimité, ce qu'ils ont sans doute apprécié. Mais je voulais retourner les voir pour leur poser quelques questions sur les habitudes sexuelles des lièvres. Je vois que la sexualité des humains en laisse plus d'un confu !

Je crois que les gens exagèrent l'importance de cet aspect de leur vie. Ce n'est certainement pas un problème pour moi, puisque j'ai été châtrée, et cela n'obsède plus MM, puisqu'elle a vécu sa ménopause, il y a quelque temps déjà. Je me demande pourtant pourquoi tant de gens laissent l'activité sexuelle diriger leur vie. Les ébats amoureux doivent être appréciés lorsque tout le reste va bien.

Le sexe pour le sexe n'a jamais intéressé MM, même si c'est le mode de vie que plusieurs humains ont choisi. L'intimité sentimentale que crée la sexualité est ce que MM a toujours recherchée et l'intimité, c'est une question de confiance. En regardant sa vie, je m'aperçois qu'avant, ses activités sexuelles étaient manifestement des plus intenses. Ses hormones lui donnaient des papillons. Mais en vieillissant, ses hormones ont arrêté de commander sa vie amoureuse. Quel soulagement ce fut pour elle d'être enfin libérée !

Maintenant, MM trouve qu'un homme est « érotisant », s'il est capable de dévoiler sa vulnérabilité. Moi, bien sûr, je ne vois rien d'érotique à cela, mais j'aime tout de même qu'un homme agisse de la sorte. La séduction humaine est souvent une question d'art, je pense, et puisqu'il y a tant d'artistes, je me demande comment ils peuvent rester fidèles à un seul partenaire pour la vie entière. Pourquoi leur société croit que la « monogamie » est nécessaire ? Si un partenaire était une possession, cela aurait du sens, mais posséder quelqu'un n'apportera jamais le bonheur.

Lorsque MM me parle de séduction, je lui rétorque que je me laisserais séduire par quelqu'un qui aime jouer. Elle me comprend. Elle aussi est excitée par l'espièglerie. J'aime bien sûr les caresses. Comme il est bon de se blottir sur quelqu'un qui vous comprend vraiment ! C'est ce bonheur que nous nous donnons mutuellement.

Parfois, lorsque nous passons en revue les chaînes de télévision, il nous arrive de tomber sur une émission où des gens nus ont des relations sexuelles, mais leurs grognements et tous leurs gémissements finissent toujours par nous ennuyer. Peut-être est-ce parce que nous savons que ce n'est pas sincère, que ce sont des acteurs. Je crois que MM a un temps joué comme eux la comédie dans de tels moments. Plus jeune, elle pensait qu'il fallait offrir une performance remarquable pendant les ébats amoureux, mais, à mon grand soulagement, elle ne le pense plus. Une telle idée de performance n'a certainement jamais eu d'importance pour moi. D'ailleurs, je n'ai jamais eu de relations sexuelles durant cette vie et cela m'importe peu.

Parfois, ma MM se sent coupable de m'avoir fait opérer et elle aurait aimé voir la frimousse de mes petits. Mais c'est elle mon enfant, comme tous peuvent le voir. Lorsque j'ai rencontré pour la première fois Spooky, le mâle dominant, il a essayé de faire de moi sa poupée Barbie en urinant sur moi pour mettre sa marque. Ce n'était pas brillant de sa part. J'ai toléré ce comportement ridicule un temps. Mais un jour que je jouais à le séduire, il s'est roulé sur le dos. C'est à ce moment que je l'ai enjambé, je me suis accroupie et je lui ai uriné au visage ! Il ne m'a plus jamais approchée.

En fait, je flirte avec tout le monde. Je le fais en sautant sur eux et en mordant leur nez. Si les humains flirtent entre eux et que cela les amène plus loin, je ne vois rien de mal à cela. Dieu n'y voit rien de mal non plus. D'ailleurs, Dieu aime que les gens apprécient leur corps, du moment qu'ils ne se fassent pas de mal.

Le corps est une machine merveilleuse : elle exprime exactement tout le registre des émotions humaines. Mais c'est du gaspillage de ne voir dans cette machine qu'une utilité de procréation. Il y a d'ailleurs trop de bébés dans le monde. Pour ma part, j'aime à regarder le corps des humains. *Il est si beau, parfois drôle et si agréable lorsqu'on se blottit contre lui. À la télévision, les gens sans vêtements qui commettent des actes sexuels s'exécutent à une vitesse incroyable. Ils bougent si vite qu'il leur est raisonnablement impossible d'apprécier leurs corps. Ils devraient prendre leur temps. En Égypte ancienne, nous prenions notre temps : c'est avec patience que nous avons construit tous ces monuments majestueux. Les gens vivaient au rythme de l'Esprit à cette époque.*

Les humains se bercent aujourd'hui de fantasmes sur leur idéal physique. Ils pensent devoir être minces pour être attirants, bien qu'une fois ce soi-disant idéal atteint, il ne reste qu'un paquet d'os lorsqu'il est temps de se mettre au lit. Ils sont obsédés par la peur d'être gros et oublient complètement leur santé. L'atteinte de l'équilibre du corps dépend de l'amour qu'on lui porte. Il faut s'aimer et laisser les autres penser ce qu'ils veulent de notre apparence. Les humains jouent dangereusement avec leur santé et tombent malades lorsqu'ils font une fixation sur leur poids et sur l'esthétisme.

Les gens ont vraiment une drôle de conception de ce qui est séduisant. Ils n'éprouvent plus d'attirance pour la beauté du cœur, mais bavent de désir devant ce qu'ils considèrent être un corps « sexy ». Et pire encore, ils ont oublié combien le jeu peut simplifier les rapports entre les personnes et leurs corps. S'ils sentent que leurs hormones les déroutent jusqu'à perdre la raison, les humains devraient simplement se rouler sur le dos. Les gens n'ont pas encore compris la valeur de cette forme de communication pour désamorcer les situations dangereuses. Ils s'obstinent à argumenter et à se disputer. S'exposer le ventre règle une foule de problèmes et, Dieu merci, j'ai vu de plus en plus de ventres exhibés ces derniers temps.

Une attitude humaine me déplaît particulièrement, celle des hommes d'âge mûr qui s'obstinent à s'acoquiner avec de très jeunes femmes, simplement pour se prouver qu'ils ont encore la cote de séduction et qu'ils peuvent encore offrir de bonnes performances au lit. Où sont-ils allés pêcher cette idée de performance, je me le demande ? Pourquoi n'ont-ils simplement pas du plaisir ? Dans le cas des jeunes femmes, elles semblent souvent davantage attirées par l'argent que par le mâle en question. Je trouve les uns comme les autres ridicules. Et ce qui est encore plus risible, c'est que tous ceux qui les entourent savent ce qu'il en est de leur relation.

Je dois dire que MM et moi n'avons pas beaucoup de temps pour les relations sexuelles. Si l'occasion se présentait, nous ne lèverions pas le nez, mais nous préférons sincèrement dormir ensemble, confortables dans notre lit. C'est plus simple : pas d'effronterie, pas de frustration, la liberté totale de vivre comme bon nous semble. Nous nous intéressons beaucoup plus aux relations, dirions-nous, sociales. Ce qui nous intéresse, c'est de voir comment les gens marchent, parlent, pensent, jouent et dans quelle mesure ils sont prêts à se dévoiler à nous.

Les humains font de ce qu'ils appellent la sexualité gaie un vrai sujet de controverse. Je ne comprends pas le problème... et Dieu non plus. Le Président des États-Unis a récemment dit : « Nous sommes tous des pécheurs ». Eh bien, il ne pourrait pas être plus loin de la vérité. Parce qu'il pense que les humains commettent des péchés, il crée une foule de problèmes. Les âmes vivent dans des corps et chaque âme a des goûts qui lui sont propres.

Je trouve amusant de voir un humain mâle habillé en femme, parce que cela veut dire qu'il aime les beaux vêtements, qu'il est soucieux de son apparence, comme ma MM. Ce que les gens font de leur corps ne regarde qu'eux. Je crois que c'est la religion qui a amené les humains à craindre la sexualité. Il semble que les gens très religieux n'ont généralement pas une vision très ouverte de la sexualité ou une attitude tolérante envers le corps. Je crois que leur embarras sur la question leur vient du fait qu'ils ne savent pas si Dieu, Jésus ou Marie sont sexués.

Je crois que la religion trompe les gens sur plusieurs points. Elle peut leur inculquer la peur de Dieu, la peur de leurs semblables et même celle de mourir, puisque la Bible dit qu'ils ne peuvent revenir à la vie, sauf Jésus à Pâques et lorsqu'il reviendra parmi eux. Mais il existe d'autres ouvrages aussi sages qui disent le contraire. Je crois qu'il serait préférable qu'on enseigne aux gens la vérité, c'est-à-dire qu'ils renaîtront. Ils réaliseraient qu'ils sont responsables de leurs actes, non seulement dans cette vie, mais dans celles qui suivront. Ils comprendraient qu'il est préférable de prendre ses responsabilités maintenant et de ne pas vivre en arrérages.

J'entends ma MM et ses amis avoir de longues discussions sur les différences entre les religions et ce qu'ils appellent la spiritualité. J'ai quelques mots à dire sur ce sujet. La religion est apparue il y a longtemps, au moment où les gens ont perdu la capacité de lire dans les pensées. Si vous ne pouvez pas lire les pensées d'autrui, vous devez utiliser des mots ; ce langage permet la manipulation. C'est à cette époque que les religions sont apparues. Certains humains croient que la religion fut créée lorsque leurs ancêtres associèrent des êtres venus du ciel à des dieux. Ces lointains visiteurs virent peut-être que les humains étaient cruels entre eux et décidèrent de leur édicter des règles pour rétablir l'ordre. La religion aurait peut-être vu le jour lorsqu'ils expliquèrent aux gens tout ce qu'ils ne pouvaient pas faire plutôt que de leur dire ce dont ils étaient capables. Les humains apprirent alors à craindre Dieu, à craindre la sexualité et devinrent des êtres rongés par la culpabilité.

Durant mon existence en Égypte avec MM, nous avions plusieurs dieux. Nous avions le dieu du tonnerre, le dieu des éclairs, le dieu de l'eau, le dieu du soleil, le dieu de la lune, celui des plantes, celui des chiens et celui des chats. Moi, j'étais Anubis, une des plus importantes divinités, car je pouvais initier les hommes à l'immortalité. Nous devrions avoir une multitude de dieux puisque tout, autour de nous, est une incarnation divine. Personne, jadis, n'avait tout mis dans le même sac et avait nommé cela religion. Mais que nous croyions en un Dieu unique ou multiple, je sais qu'il est mauvais de tuer quelqu'un sous prétexte qu'il a des croyances différentes. Je ne connais aucun dieu qui aimerait cela non plus. Lorsque les gens tuent, ils amassent une charge de karma négatif, peu importe les raisons qu'ils se donnent.

MM pense que la religion cause des problèmes bien réels dans le monde. Elle s'inquiète de voir éclater une guerre sainte. Pour certains humains, rien n'est plus important que leur foi. Il se peut que divers groupes fondamentalistes décident que leur Dieu est le seul véritable Dieu. C'est alors que les dangers sont grands et que le mauvais karma s'accumule.

Les humains devraient comprendre qu'à travers les âges, chacun a expérimenté des existences en tant que mâle et femelle. C'est ainsi qu'ils ont appris à comprendre l'autre sexe. Mais, comme ils se livrent encore la « guerre des sexes », ils n'ont certainement pas vécu assez d'existences pour se connaître réellement. Chaque personne doit être la réflexion de son âme et chaque âme possède un équilibre d'énergies mâle et femelle. Cela est difficile à comprendre pour les humains et ils ont beaucoup de karma à leur actif sur ce plan.

Tous les humains possèdent leur lot de karma non résolu. En effet, s'ils n'avaient pas de karma, ils ne seraient pas sur Terre. Les familles sont souvent créatrices des plus difficiles conflits karmiques, car les âmes des membres d'une même famille sont celles qui ont le plus besoin de trouver l'harmonie. Si les humains allaient en eux et découvraient le passé de leur âme, leur monde serait un endroit beaucoup plus paisible.

Shirley

Je pense souvent au karma que j'ai pu accumulé avec mes proches : ma mère, mon père, mon frère, ma fille, mes amoureux et mes amis. J'y pense souvent car l'amour que j'ai porté a toujours été marqué par le jugement. Je crois que je n'ai jamais vraiment accepté sans condition la personne devant moi. Je me souviens d'avoir été profondément amoureuse d'un homme. Il m'avait avoué qu'il semblait incapable d'être à la hauteur de mes attentes. Ce sentiment était réciproque. Je vis la même réalité dans ma relation avec ma fille.

L'indépendance a apparemment toujours été un point karmique pour moi, surtout lorsqu'il est question d'amour romantique. Beaucoup d'hommes sont protecteurs, ce qui me fait sentir davantage comme leur possession que leur égale. Avec mes parents, je me suis toujours considérée comme leur fille et non comme une personne à part entière. Je fus toujours la petite fille de mon père, même à 60 ans ! Cette réalité est absente d'une relation avec un animal ; nous pouvons donc imaginer que nous ne partageons pas autant de karma avec eux. Les animaux nous acceptent tels que nous sommes dans l'instant présent.

Ma mère était extrêmement réservée, voire muette sur ses émotions. Elle disait que c'était plus diplomatique d'agir de cette façon. Cela explique peut-être pourquoi je suis aussi directe. Mon père n'était pas un homme de diplomatie. Il ne réprimait pas du tout ses émotions. Il était plein de sentiments. Il est intéressant de constater que ma mère exprimait l'énergie mâle, le yang, et que mon père incarnait l'énergie femelle, le ying.

Je crois qu'à un moment de notre histoire évolutive, nous, les humains, étions plus équilibrés entre les énergies du ying et du yang. Plus j'avance en âge, plus mon voyage intérieur m'amène loin et plus je me sens équilibrée, état qui explique ma grande affinité avec Terry. C'est une femelle permissive, passive, compréhensive et spirituellement éveillée. D'un autre côté, elle est protectrice et linéaire. Mais sa féminité lui permet d'avoir des points de vue contradictoires sans sombrer dans la confusion.

En examinant l'amour inconditionnel que je porte à Terry, je dois avouer que cette relation m'attriste pour une raison : je ne sais pas ce que je ferai lorsque Terry me quittera pour l'autre monde. Je ne me suis jamais sentie ainsi avec ma mère, mon père ou mes amis. À leur mort, je savais qu'ils m'avaient quittée pour entreprendre un voyage en quête d'une plus profonde sagesse. Terry *comprend* déjà : lorsqu'elle partira, je sais donc que je pleurerai une partie de moi. Il me sera difficile de vivre sans les rappels constants de Terry me disant que je suis capable d'amour inconditionnel. Son amour inconditionnel me manquera grandement, mais pas autant que je souffrirai de l'absence du mien.

Avec le temps qui passe, je suis forcée de confronter l'éventualité de la mort de Terry et de réexaminer ce que je sais sur la mort. De manière intellectuelle, je réalise que ce que nous percevons comme la mort n'est qu'un changement de forme. Mais physiquement, Terry me manquera profondément. Il m'arrive de considérer l'adoption d'un autre chien. Même maintenant, alors que Terry partage encore ma vie, je me surprends à vouloir m'entourer d'animaux. Je veux des oiseaux dans la maison et je veux un chat ; je vivrais très heureuse au milieu d'un zoo. C'est merveilleux de pouvoir créer des liens avec des êtres vivants qui ne parlent pas, qui ne jugent pas et qui ne connaissent pas le blâme. Ils sont un instant d'éternité. Ils nous montrent la voie vers un état d'âme auquel nous ne pouvons qu'aspirer.

Terry

Puisque ma MM est mon enfant, j'espère pouvoir lui apprendre qu'il faut grandir pour bien vieillir et que, plus elle vieillira, plus elle doit pousser l'exploration de son être intérieur. Plus elle apprendra à aimer profondément, plus elle sera jeune lorsqu'elle quittera ce monde.

Shirley

Lorsque aucune résistance n'est offerte, aucun tort ne peut vous être fait. Durant cette fin de semaine de Pâques, il y a plus de deux mille ans, Jésus a dit que, s'il se défendait, il était attaqué. Qu'est-ce que cela signifie ? Est-ce une sottise que de se prémunir de défenses ? J'ai un jour demandé au Dalaï-Lama qui était son plus grand maître spirituel et il m'a répondu : « Mao Zedong. » Cet homme était le chef de la nation qui a envahi le Tibet, forçant le Dalaï-Lama à l'exil et tuant plusieurs prêtres bouddhistes tibétains. Trop de gens parmi nous voient les autres comme une menace plutôt que comme une source d'apprentissage. Toutes nos institutions, nos lois, nos codes, notre morale, nos définitions légales, notre usage de coercition, notre armement et même notre éthique sont fondés sur le principe d'œil pour œil, dent pour dent. Nous ne comprenons pas que ce sont là les concepts mêmes de la force karmique. Les lois du karma sont parfaites : si nous faisons du tort à autrui, ce tort nous reviendra. L'énergie déployée revient toujours à sa source. Chaque fois que nous nous défendons, nous avons permis à la peur d'exister ; nous pouvons ainsi justifier nos actes pour terroriser ceux que nous croyons menaçants. Personne ne peut échapper à cette relation de cause à effet. Est-ce cela que Jésus voulait dire lorsqu'il disait de tendre l'autre joue lorsqu'on est frappé ? Il est vrai qu'il a été crucifié, mais n'oublions pas qu'il n'est pas mort.

Il y a des années, je revenais d'un voyage en Inde. Je me suis retrouvée assise à côté de l'ancien Premier ministre de ce vaste pays, Jawaharla Nehru. Comme nous jetions un œil par le hublot de l'avion et apercevions les tours de béton de Manhattan, il me dit que cette ville que nous survolions lui apparaissait accablante par sa dimension. Il ajouta : « Je pourrais en avoir peur, mais je m'imagine plutôt debout devant l'entrée de la hutte où j'ai grandi ; les portes s'ouvrent d'un coup et je permets aux vents du changement de souffler sur mes pieds, mais non de me renverser. » Après l'atterrissage, j'ai voulu écraser un insecte qui s'était introduit dans l'appareil et M. Nehru m'arrêta : « Ne tuez pas ce moucheron, vous ne savez pas ce qu'il était auparavant. »

Est-ce que la transmigration des âmes nous amène tous à des existences vécues sous une forme animale ? Reprendrons-nous de nouveau une forme animale ? Si oui, nous devrions certainement repenser au traitement que l'on réserve aux animaux.

Est-ce vrai que nous naissons dans un corps parfait et capable d'immortalité si notre esprit n'en abuse pas ?

Supposons un instant que la maladie est une décision prise par l'esprit. Si nous acceptons cette prémisse, nous ne sommes pas les *victimes* de la maladie, mais bien ses *instigateurs*. Comme un caillot dans vos veines empêchant le sang de circuler vers le cœur, la maladie est une barrière que nous créons entre Dieu et nous, la paix et l'énergie du monde naturel, un mur que nous édifions peut-être pour éprouver notre force. La maladie est une illusion créée lorsque nous avons succombé à l'idée que la création de Dieu — le corps et la conscience elle-même — est imparfaite et inachevée. Mais pour certains d'entre nous, la maladie est l'unique moyen de se ralentir, la seule excuse jugée valable pour s'extirper de la pression accablante du quotidien.

La maladie n'est pas seulement l'une de nos défenses contre notre perfection de créature divine, mais elle est aussi une réaction pour nous dissocier du contentement des amis ou de la famille. Nous faisons des efforts extraordinaires pour prouver le mensonge qui dit que nous ne sommes pas faits pour être heureux, que nous sommes coupables et séparés de Dieu. Même si nous acceptons que la maladie est une autre de nos créations, il est encore facile de tomber dans le piège de penser que cette réalité créée est malgré tout hors de notre contrôle. Une personne sage m'a dit un jour que les humains feraient tout pour empiler des sacs de sable devant eux et se mettre à l'abri de la vague de bonheur qui se lève dans leur entourage. Parfois il faut une autre forme de vie, comme Terry, ou une autre personne, pour nous aider à ôter ces sacs, pour que ce tsunami de bonheur nous emporte.

Je me demande comment les animaux réagissent à l'apparition de maladies chez les humains. Est-ce que nos animaux prennent sur eux une part du fardeau physique

que nous nous imposons par notre propre volonté ? J'ai développé de l'arthrite au niveau de mon genou droit, et dernièrement, cette maladie m'a donné du fil à retordre. Lorsque je l'ai remarqué pour la première fois, Sheba s'est mise à boiter du côté droit. Est-ce que les animaux tentent de nous aider à effacer nos limites ? Et si nos chiens vivent sept années pour chacune des nôtres, meurent-ils plus vite parce qu'ils supportent notre croyance en l'imperfection de notre corps ? Est-ce que nos compagnons pourraient vivre pour toujours si nous croyions que *nous* le pouvons ?

Comment serait la vie si nous étions convaincus que tout a été planifié par Dieu pour notre bonheur ? Si nous en étions persuadés, est-ce que la tristesse, la souffrance et les tragédies seraient vraiment nécessaires ? Si nous croyions en notre destinée heureuse, je crois que nous vivrions dans un monde plus sain. On nous a enseigné que Pâques était le moment de la résurrection et du salut. Le temps est-il venu de nous relever et de nous dépouiller de nos vieilles croyances ? Jésus, lorsqu'il a dit, « pardonnez-leur, car ils ne savent pas ce qu'ils font », voulait-il dire, « Pardonnez-leur, car ils ne savent pas ce qu'ils *se* font. » ? Ne connaîtrions-nous pas une renaissance si nous écoutions le Dieu en nous ? Ne serait-ce pas là notre source de salut ?

J'apprends à éviter la planification ; je tente d'apprendre à laisser les merveilles de la vie venir à moi. Les horaires ne sont plus à l'ordre de mes journées. Ainsi, je m'abandonne à la gouverne de Dieu qui m'habite. Je demande donc à Dieu de décider ce qui adviendra de mon voyage en Irlande.

Terry

Durant cette fin de semaine du renouveau, je souhaite que MM réalise qu'elle peut renaître dans chaque instant. Le corps est parfaitement préparé à répondre à cette nouvelle éclosion permanente de vie. Mais MM doit le vouloir dans son âme. Lorsque son désir sera ancré au plus profond de son être, son monde s'illuminera des lumières de Pâques.

MM est inquiète, car elle est en conflit intérieur. Parfois, je me pose en miroir lorsqu'elle est dans cet état. Elle me regarde et je vais me recroqueviller dans un petit coin. Je pense qu'elle comprend que j'exprime son sentiment. Je le fais pour lui montrer l'apparence de son humeur. Ce n'est pas un joli spectacle, croyez-moi. Après ma démonstration, j'accours vers elle et lui saute sur les genoux. Elle me caresse alors et comprend.

Shirley

Parce que l'idée de relation étroite entre l'esprit et le corps me fascine, j'ai décidé d'explorer l'avenue de la chirurgie psychique pour guérir l'arthrite dans mes articulations. Ce procédé m'intriguait au plus haut point, ce qui m'a amenée à assister aux opérations de plusieurs chirurgiens psychiques au Brésil et aux Philippines. Lorsque j'ai d'abord demandé à mon chirurgien psychique de m'expliquer son art, il m'a dit : « Le corps n'est qu'une illusion. Mon vrai travail se fait au niveau de l'aura, la fréquence électromagnétique du corps, et non sur la chair. Mais pour que vous compreniez, pour que vous croyiez en la guérison, je dois vous donner l'illusion que mes mains entrent dans votre corps. En fait, l'intégrité de la chair est préservée, car la chair n'est pas réelle. Vous croyez seulement qu'elle existe. »

À maintes occasions, j'ai vu que les patients ne croyaient pas en leur guérison à moins qu'il n'y ait intervention sur leur corps. Les chirurgiens guérissaient non seulement la maladie en travaillant sur l'aura du corps, mais également en renforçant l'illusion que le corps était physiquement guéri. J'ai vu des guérisseurs psychiques retirer des yeux et nettoyer la maladie derrière ceux-ci. Je les ai vus retirer des cœurs pour réparer des valvules. Le corps était une illusion, mais le traitement se devait d'intégrer une action physique pour que l'esprit du patient croit en son efficacité.

Témoin de ces opérations, j'étais agenouillée aux côtés de patients de différentes origines dont je ne parlais souvent pas la langue. Cependant, durant la chirurgie, nous communiquions. Je peux attester de leur guérison et, durant celle-ci, je sentais la fusion de mon esprit avec le leur. Ce que j'ai vu a renforcé ma conviction que nous sommes dès la naissance des êtres parfaits et que cette perfection demeure durant notre passage ici-bas.

Terry

La maladie est le symptôme d'une séparation de Dieu et la guérison est l'autre rêve, celui qui nous ramène auprès de Lui. Lorsque MM pense à quitter la joie permanente qu'elle ressent avec moi, même de manière temporaire, pour tourner ce film en Irlande, elle sait qu'elle s'approche du précipice de la maladie. La maladie est une forme de mensonge. Nous, les êtres naturels, pouvons alléger nos compagnons humains d'une part de leur souffrance physique ; nous sommes poussés par l'amour dans ce travail.

Nous sommes incapables de mensonge en amour. Nous ne prétendons pas être heureux lorsque nous ne le sommes pas. Nous ne prétendons rien. Nous sommes capables d'ingéniosité, mais pas de tromperie. Je peux être manipulatrice pour obtenir ce que je veux, mais je suis incapable de mentir. Lorsque nous sommes blessés, nous le montrons. Lorsque nous sommes enjoués, nous le montrons aussi. Beaucoup de ce que nous exprimons dépend de la sensibilité de nos compagnons humains.

Shirley

Nous sommes le matin de Pâques et Terry est dans mes bras. Je me dis que je devrais me lever et me rendre utile, mais j'y renonce en posant les yeux sur elle, endormie, son visage contre le mien. Son corps est étiré sur mon flanc et je peux sentir sa respiration. Elle commence à remuer. Fait-elle le même rêve que moi ? J'ai rêvé que de gros chevaux me piétinaient. Encore et encore, leurs sabots s'abaissaient sur moi, mais je ne succombais pas à ces coups. Je serre Terry dans mes bras, son corps se convulse maintenant par à-coups. Fait-elle mon rêve ou ai-je fait le sien ? Elle se réveille et place sa tête sous mon menton. Elle s'étire vers l'arrière, s'arc-boute, les pattes dans les airs. Elle existe à la frontière d'une multitude de mondes, mais elle forme une seule énergie avec moi et cette nouvelle journée de Pâques qui s'éveille à l'extérieur. Le chant des oiseaux se fait entendre derrière la fenêtre. Un sentiment enveloppant d'unité m'envahit. Je demeure méditative, étendue auprès de Terry. Aurais-je dû avoir d'autres enfants ? Aurais-je dû satisfaire le désir d'adoption qui m'habitait à un plus jeune âge ? Est-ce cette impulsion qui m'a fait adopter Terry ou est-ce elle qui m'insuffle ce réveil, maintenant ce désir d'antan ? Je songe à ce que ce matin serait si la maison était pleine d'enfants. Non, il est trop tard pour l'adoption. J'ai mérité cette paix et ce calme. Alors que j'élevais ma fille, mes amies et moi étions si prises dans les détails de la vie qu'un moment comme celui-ci, couchée avec un chien dans mes bras un matin de Pâques, sentant que tout vibre, comme ma mère l'aurait dit, à l'unisson avec Dieu, aurait été impensable.

Je me demande si les mères qui adoptent sentent que leur nouveau bébé était une venue prévue dans les astres au même titre que les mères biologiques. Je crois que oui. Ce qui est sûr, c'est que, lorsqu'on adopte des animaux, la question ne se pose pas : ils sont pour nous. J'ai adopté Terry plutôt qu'un enfant. J'ai aussi adopté tous les autres chiens sur le ranch. Sheba fut la première que j'ai arrachée à son sort tragique dans l'étang. Puis, j'ai accueilli le reste de la bande. Ils le savent tous, comme ils savent que Terry est d'une lignée royale de par son sang égyptien, et qu'elle est ici pour des raisons qui transcendent les réalités du monde matériel.

Je suis le vent dans le saule qui pleure de joie près de la chute. Je suis la poussière que ce vent a soufflée depuis le Colorado. Je suis la mouche qui bourdonne derrière la moustiquaire. Terry et moi partageons cette vie de rêve. Les oiseaux gazouillent, les jets de vent se laissent porter par les élans d'humeur d'Éole et font ainsi chanter le ramage des arbres, les fleurs se gavent de leur propre parfum, les chiens aboient, les nuages roulent et passent ; Terry et moi sommes emplies d'une telle béatitude que rien ne saurait précipiter la fin ; elle décidera elle-même de son départ. Nous nous détachons enfin d'une réalité pour vivre le rêve que nous proclamons, en ce moment de grâce, réel. De concert, nous nous étirons et nous glissons hors du lit.

Je ressens maintenant la faim. Je dois maintenant me rendre à la salle de bain. Maintenant, une douleur me monte au dos. Mon esprit reprend du service et raisonne ma réalité : je dois me nourrir et avaler mes vitamines ; je dois retourner mes appels et souhaiter des « Joyeuses Pâques » ; je dois retirer le maximum de cette journée. En y mettant l'effort, je me rappelle que je connais une façon plus heureuse de vivre.

Est-ce ce qui se produit lorsque nous vieillissons, lorsque tout a presque été fait, lorsque nous avons été la belle au bal, mais découvrons que le bonheur était ailleurs ? Mon incessante et vaine recherche d'accomplissement m'amène à penser que je dois rediriger mes recherches. Je ne sens plus le besoin de me prouver à la vie et aux autres. Suis-je sur le point de devenir une recluse heureuse et en paix ? En suis-je arrivée à détester l'éloignement, à ne plus vouloir connaître le rythme perturbant de la vie au-delà de cette terre ? Je scrute l'horizon et regarde en direction des collines lointaines. La vue me rappelle cette lumière dans la montagne, ces apparitions qui se jouent de mon esprit en dansant devant mes yeux éberlués. La lumière est réapparue à minuit, alors que je marchais avec un couple d'amis très proches. Nous avons tous aperçu la luminescence naître des entrailles de la Sierra Madre. Elle était animée et dansait devant nous, comme un vieux réverbère à l'huile dont le faisceau nous aurait pris comme cible. Nous l'avons regardé durant des heures, perplexes, ne sachant pas percer le mystère de son message. J'ai pensé à la vision que ma mère avait eue, à ces lumières souterraines.

Le Dr John Mack était un éminent chercheur à l'Université Harvard. Durant l'une de ses recherches, il a interviewé un homme affirmant avoir été enlevé par des extraterrestres. Ces êtres venus d'ailleurs, révéla-t-il, lui racontèrent la tragique histoire de leur planète. Un de leurs dieux, un immense rocher, était le gardien de la somme du savoir ancestral de cette race aliène. Par leur curiosité scientifique, les citoyens de cette planète apprirent à contrôler la génétique et décidèrent que c'était là la voie du futur, celle du progrès qui donnerait la solution à tous les maux. Ils jugèrent rétrograde la sagesse contenue dans le rocher et transgressèrent ces principes fondamentaux. Le rocher fut le témoin impuissant de changements inquiétants ; il lui était impossible d'interférer dans l'exercice du libre arbitre du peuple qu'il devait protéger. Les habitants devinrent de plus en plus belliqueux, ce qui les amena à une guerre civile. La dévastation fut telle que la planète devint inhabitable. Selon le témoignage de l'interviewé, les seuls à avoir survécu à cette déchéance erraient à présent dans l'univers à la recherche d'un nouvel habitat hospitalier.

Ici, sur le ranch, je sais que je suis entourée d'une éternité de savoir et de vécu. Des montagnes jusqu'aux galets, des arbres jusqu'aux herbages, tout possède une conscience et une certaine énergie cosmique. Rien ne demeure inchangé, même le passé ; tout ce que nous voyons s'altère dans le temps avec notre manière de voir, de comprendre. Même l'histoire, parce qu'elle est perçue différemment dans les différents moments présents, est en éternel changement et en constante expansion perceptible. Et qu'en est-il de Dieu ? Dieu est-il différent aujourd'hui de ce qu'il ou elle a été au commencement des temps ?

Si Dieu est parfait et que toute sa création est achevée, son Plan ne peut que s'accomplir. Si je suis en paix, le monde le sera aussi. Dès que je ressens de l'anxiété face au choix du prochain geste à poser, j'ouvre la porte coulissante et je laisse Terry sortir. J'appelle les autres chiens et je m'arrache hors de la maison, dans l'air, dans les rayons lumineux et dans les couleurs décolorées par un soleil aride. Bientôt le trouble intérieur se calme ; je sens que je reçois des conseils de par-delà cette réalité. Un état d'esprit des plus miraculeux m'épouse. En cette fin de semaine pascale, tandis que d'autres y voient le péché et une rédemption éventuelle, je me tourne vers la sagesse de la nature en quête de paix.

Comme nous nous éloignons de la maison, je vérifie les réserves d'eau dont nous disposons. Dans le Sud-Ouest, l'eau a des reflets d'or. Au Nouveau-Mexique, une sécheresse sévit depuis plusieurs années, ce qui a favorisé l'infestation des pins par les scolytes de l'écorce, des insectes minuscules qui affaiblissent considérablement le système de défense de ces arbres pourtant géants. Bien que je dispose d'un puits d'une rare générosité pour la région, les changements climatiques me font envisager l'installation d'un système de recueillement des eaux de pluie sur mon toit. De l'aridité, mes pensées me transportent vers la neige fondante qui nourrit les cours d'eau et je me demande combien de temps encore elle leur permettra de ruisseler sur le flanc des montagnes.

Les feuilles des peupliers scintillent dans la lumière du soleil et je m'émerveille devant ces arbres qui empruntent un instant l'eau du sous-sol pour la libérer aussitôt dans l'air qu'ils purifient. Un vent impérieux se lève et tente de me dérober mon chapeau, mais la corde qui passe à mon cou le retient en m'arrachant presque les bijoux que je porte aux oreilles. J'ai entendu dire qu'une tornade se formait dans l'est de l'État, ce qui est plutôt rare au Nouveau-Mexique. Cette étonnante formation m'amène une fois de plus à me questionner sur ce que la nature tente de nous dire.

Les rayons du soleil font briller les cristaux de minerai qui constellent la région. Partout où je regarde, je vois des cristaux de quartz rose et blanc. On pourrait croire qu'un volcan a craché des diamants de son ventre, que son éruption, séparée de ce jour de plusieurs centaines de milliers d'années, a parsemé son trésor scintillant sur tout le paysage. Est-ce ce qui est à l'origine de la lumière dans la montagne ? Non, je divague. Je tente de trouver une explication terrestre alors qu'une logique beaucoup plus lointaine explique ce phénomène. Notre technologie n'est que balbutiements : nous sommes à des années-lumière d'expliquer rationnellement ces phénomènes.

Ma Sierra Madre s'élève devant nous. On dit que, Madre étant une montagne femelle, aucun homme ne doit la gravir sans être accompagné d'une femme. On dit aussi que cette montagne sert de repère magnétique pour les déplacements des OVNI. Cela explique peut-être la présence d'un si grand nombre de pétroglyphes sur cette terre. D'ordinaire, ces symboles dépeignent cinq cercles concentriques, qui, selon les Hopis, signifient que dans le futur, nous parviendrons à accéder au cinquième monde, une dimension qui nous permettra d'exister dans les cinq réalités.

Les chiens détalent plus avant et je me traîne non sans efforts au sommet de la hauteur que j'ai baptisée Crystal Picnic Hill, un point relativement élevé sur la propriété. Mon corps me parle de ses histoires, dont celle qui l'a marqué en parcourant les chemins de Compostelle, en Espagne. Tandis que nous poursuivons notre ascension, mes pieds me rappellent leur histoire, le bas de mon dos n'en a pas moins à raconter et ils me ramènent dans le temps. J'entrevois des images en tessons kaléidoscopiques de mon présent passé : d'anciennes civilisations et des guerres disputées avec pour seules armes, des rayons lumineux. Je vois des tremblements de terre et les inondations de mers rageuses. Je vois des bâtiments magnifiques détruits et des pyramides de cristal flottant sur des nuages de lumières arc-en-ciel. Des vaisseaux décollent et atterrissent, des enseignants s'adressent à des foules avides de savoir et des êtres multidimensionnels sont vénérés dans des sanctuaires illuminés. Tout autour de moi prend vie, animé par des harmonies étrangères, les échos d'un langage ancien. Les couleurs accompagnent les tons, tout vibre et palpite dans un mélodieux synchronisme qui épouse les silhouettes et les formes des vies à naître sur Terre.

Je reste immobile, stupéfaite par ces souvenirs précognitifs. Suis-je devenue le mystérieux souvenir d'un humain qui gravira cette colline dans un million d'années ? Et dans ma prochaine vie, me reconnaîtrai-je dans les apparences de la nouvelle expression de mon âme ?

Terry saute sur mes jambes, me ramenant au moment présent. Elle s'arrête, me regarde et attend, comme pour s'assurer que je reste bien ici et maintenant. Je me demande ce que j'aurais pu vivre si Terry m'avait accompagnée sur la route de Compostelle. Aurait-elle pacifié les chiens sauvages ?

Je poursuis ma marche, ce qui me donne à penser aux événements plus récents dont ce territoire a été l'hôte. Ici, Kit Carson entreprit le raid des villages amérindiens rendus prospères par le commerce lucratif des perles, des peaux et des cornes. Je m'interroge souvent sur ce que je devrais faire de cette terre, mais j'attends qu'elle me le dise. Devrait-elle devenir la terre d'accueil d'une nouvelle communauté ? Deviendra-t-elle le lieu d'implantation d'une école spirituelle où les gens des étoiles enseigneront, où ils recommenceront à nous instruire sur notre vraie nature ? Sommes-nous venus d'une distante galaxie pour sauver cette planète, nous sommes-nous écartés de notre mission ? Avons-nous entonné le prélude à ce que certaines prophéties et passages de la Bible nous promettent ? Avons-nous mis le pas dans le millénaire des lumières ? De toutes ces spéculations, je ne sais qu'une chose : je serai ici pour vérifier leur justesse. Peut-être que Terry vivra pour savoir, elle aussi. Je l'espère.

J'avance de plus belle, consciente que je ne suis pas seule à sentir la magie de cette terre. Des amis et des visiteurs m'ont dit qu'ils avaient ici eu des visions de cités flottant parmi les nuages et des rencontres avec d'étranges êtres surnaturels. Tous sont d'accord pour dire que cette terre, marquée par le cristal, jouera un rôle déterminant dans le futur de notre planète.

Daisy, la chienne maternelle, se retourne pour vérifier si Terry et moi allons bien. Des couguars et des coyotes ont trouvé refuge dans ces montagnes, mais comme un humain est présent dans notre groupe, ils ne nous confronteront pas. Je me sentais en sécurité avant d'apercevoir Spooky s'éclipser au loin. Il a pris trop d'avance et cela m'inquiète, mais je continue l'avancée au même rythme jusqu'à arriver sur un haut plateau au nord de la propriété. C'est un paysage montagneux qui nous accueille. Je vois ce que deux années de sécheresse ont fait subir aux pins ponderosa. L'attaque des scolytes et l'absence de pluie ne les ont pas ménagés. Qu'avons-nous fait à la nature pour qu'elle n'abreuve plus nos arbres ? Qu'arrivera-t-il à nos réserves d'oxygène si les poumons de notre planète se meurent ?

Où est Terry ? Je me retourne et l'aperçois qui court vers moi. Les autres chiens font de même. Comme s'il avait entendu un signal quelconque, Spooky s'élance sur l'autre versant de la Sierra Madre et disparaît dans une grotte. Je me souviens de l'avoir vu faire de la boxe avec des coyotes imaginaires sous une pleine lune, à minuit. Il feignait d'attirer ses adversaires coyotes hors de leur tanière et, un par un, il les défiait dans un faux combat dans les rayons de lune, inconscient que j'observais l'appel de l'instinct sauvage qu'il ne pouvait ignorer.

Notre groupe attend que Spooky revienne auprès de sa famille, de ses femelles. Il mène ensuite notre expédition plus haut sur la pente, s'arrêtant parfois pour renifler des fientes d'élan, des odeurs d'ours et d'autres pistes que seuls les chiens peuvent détecter. Il arrive que les chiens mangent ce qu'ils trouvent, mais ils ne font souvent que sentir et poursuivent leur marche. Je me demande ce qui détermine exactement leur choix. Terry ne participe pas à ce genre d'activités. Elle sait que de la viande fraîche l'attend à la maison.

Notre marche fait fi des heures qu'elle consume. À environ 2 600 m, je sens que ma respiration devient plus franche et rapide. C'est ici un endroit fantastique pour faire de l'exercice, car, avouons-le, au niveau de la mer, l'endurance n'est pas réellement mise à l'épreuve. Je peux apercevoir les aiguilles de Pikes Peak au Colorado, vers le nord, et les lumières de Santa Fe, au sud.

Devant nous, un élégant élan s'abreuve aux eaux qui s'échappent de la montagne. Il se retourne et fixe mon regard tandis que je viens vers lui. Il n'a pas peur. Sa présence paisible et vivifiante me donne l'impression d'avoir posé les yeux sur le visage de Dieu. Terry se fige, hypnotisée. Sur mon ordre, le groupe poursuit son chemin, laissant l'élan à sa dignité.

Les ours sont trop gênés pour se montrer le museau, mais je peux voir que les chiens perçoivent leurs odeurs.

Des traces de neige, étincelantes sous l'ombrage des pins svelts et élancés, tardent à tirer leur révérence au soleil printanier. Terry bondit à l'avant, soulevant des flocons en tournoyant dans les airs. Elle invite dans sa danse des cônes de pin qui ont quitté leur branche nourricière. Puis, elle s'arrête et savoure le spectacle sans fin d'une beauté qui fait la grimace au temps. J'amène souvent Terry dans cette région d'altitude dans ma voiturette de golf électrique. Elle s'assoit à côté de moi et abaisse ses oreilles pour mieux filer dans le vent, une force d'aérodynamisme. Parfois, je passe trop près d'un arbre, ce qui l'anime d'une envie irrépressible de claper ses branches. Il lui arrive, dans un accès d'exubérance, de sauter hors de la voiturette et, telle une athlète olympique, elle fait des tonneaux qui absorbent l'impact de sa chute.

De légers flocons de neige commencent à garnir le ciel. Les chiens ralentissent, j'imagine, pour profiter d'une si belle vue. J'entends le battement d'ailes d'oiseaux qui s'effarouchent dans les pins. Le spectacle que la nature offre impose un tel respect ! Je repense à la perspicacité incroyable des anciens Amérindiens qui ont fait de ce paradis leur demeure. La neige s'estompe aussi vite qu'elle est apparue. Terry attend mon signal quant à la direction à prendre.

Lorsque je suis au milieu d'une neige tombante, je pense inévitablement à l'amour. Quand nous éprouvons un véritable amour pour une personne, nous trouvons le courage de prendre des risques. D'un côté, nous prenons le risque de perdre le contrôle de nous-mêmes, mais de l'autre, il est possible de nous créer une nouvelle identité par l'union de notre esprit à celui d'un autre. Sommes-nous tous réellement des êtres individuels à la poursuite de désirs distincts dans l'expression de notre créativité ou sommes-nous liés par un certain pacte spirituel que nous respectons en cherchant chez autrui les réponses à nos questions existentielles ?

Je sais maintenant que ma raison d'être ici-bas est d'apprendre à me connaître. Sans cette certitude, je serais complètement perdue et impuissante dans ce monde « civilisé ». Ce monde menace la foi en notre existence même. Toutes les personnes mourantes qu'il m'a été donné de connaître m'ont dit que tout ce qui importe vraiment dans la vie est l'amour. Doit-on attendre d'être si près de la mort pour comprendre cela ?

Avant, je me trouvais devant un cul-de-sac de tristesse coupable lorsque les circonstances me poussaient à quitter une personne qui partageait ma vie. Je décidais souvent de rompre avec un amoureux ou de m'éloigner d'un ami parce que je le trouvais incapable de suivre le rythme de mon évolution. Me résoudre à cette conclusion me coûtait aussi cher que la peine qu'elle amenait : il est terrible de s'apercevoir que l'amour vous empêche d'évoluer, vous freine dans votre quête de bonheur. Je ne pouvais pas comprendre, à cette époque, qu'une séparation pouvait profiter à tous, que ce déchirement amenait la promesse de croissance et de redécouverte de soi.

Dans mes relations amoureuses humaines, j'arrivais toujours à un point d'exténuation pathétique, où le travail, l'organisation, l'absence de créativité, les attentes et les promesses étaient si lourds que le bonheur semblait impossible. En amour, ces problèmes frappaient sans discrimination. Je ne peux qu'en déduire que, en prenant le risque d'aimer un autre être humain, on s'attire le merveilleux comme le désastreux. Est-ce que nous, les humains, payons du sacrifice de notre bonheur la survie du rêve d'aimer ou devons-nous aimer et croire que l'amour perdurera malgré les difficultés de la proximité humaine ?

Je réalise maintenant que le véritable amour se trouve dans la communion avec le Divin en moi. Qu'en cela nous est promis l'amour infini, sans les inquiétudes. Cet amour ne peut pas s'évanouir, car il assure notre existence, peu importe les circonstances. Tout autre rêve est illusion ; vivre un rêve moins intense, c'est se mésestimer. Depuis trop longtemps, je n'ai eu de cesse que de questionner la création. Maintenant, j'accepte la place qu'elle m'offre depuis toujours. Je veux vivre en elle.

Comme la neige se presse à fondre à mes pieds, j'espère que l'amour qui m'enveloppe et que je partage ne connaîtra jamais le même sort.

Terry

Il incombe à ma MM de créer les réponses qu'elle cherche.

Ma création, la voici : dans le cœur de MM, j'ai peint mon âme et ce tableau y sera toujours exposé. Je n'ai plus rien à ajouter.

Shirley

Je me sors de ma rêverie et baisse les yeux vers le ranch, qui est minuscule en contrebas. Il est temps de revenir à la maison — dans la demeure d'une nouvelle compréhension et où, dans un renouveau, je l'espère, la création d'un nouveau monde est possible. Les chiens sentent mon désir d'entamer le retour. Ils font demi-tour et Spooky s'élance en éclaireur.

Je crie à Sheba de dire à Spooky de ne pas se presser autant et elle court lui livrer le message avec entrain, malgré sa démarche boitillante. Une aiguille de cactus s'est logée dans une des pattes de Terry et elle s'approche tant bien que mal de moi. Elle ne veut pas me laisser l'extraire. Elle s'y affaire avec ses dents.

Je ressens, moi aussi, une douleur vive dans un pied. Je m'assois un instant et ramasse une roche plate et lisse. Je me déchausse et me découvre une ampoule. Son étendue me ramène à mes années de danseuse, à un souvenir de pieds ensanglantés dans une loge. Terry se glisse sous ma jambe et donne une léchée compatissante sur ma blessure.

Nous nous sommes reposées un moment. Ma montre m'informe que cinq heures se sont déjà écoulées depuis notre départ. Je prends une lampée de notre précieuse eau. J'espère ne pas en manquer. Malgré toutes mes années de randonnées, je suis obligée de réapprendre que le bonheur et le confort tiennent à bien peu de choses : un chapeau adéquat, une bonne paire de chaussures et une gourde pleine. Tout le reste n'est que luxe de citadin ! J'enfile mes chaussures. Comme je souhaiterais que mes pieds, privilégiés par le traitement que leur réserve l'occidental d'aujourd'hui, soient assez calleux pour me permettre de marcher nu-pieds, comme les pionniers amérindiens qui couraient sur ces collines, ignorant les tranchants des rochers, les épines des sous-bois, les cactus et les tessons de cristal d'un autre temps.

Nous reprenons notre chemin. Comme nous arrivons à un éclairci, les arbres se sont pliés pour nous offrir une fois de plus la vue massive de la charmante Sierra Madre, celle qui pointe de ses lumières notre maison. À l'instar des enfants des étoiles, je me sers de cette montagne comme point de repère et elle m'oriente. Nous retraversons le Canyon du Cuivre, que j'ai nommé ainsi pour sa terre aux éclats métalliques, piquetée d'arbres émeraude, de timides pins arbustifs et de genévriers odorants. Cette cavité insolite paraît avoir été ciselée par une main divine. Les fleurs de désert y ont trouvé une protection, gage d'avenir. Des dents-de-lion, des violettes et des fleurs d'atriplex pendent, fragiles, comme des gemmes sur les doigts de Dieu. Terry s'arrête à tous les boutons d'or qui se présentent. Se parlent-ils dans un langage partagé ? Elle renifle, brasse et mordille les fleurs dont le parfum nourrit sa curiosité.

L'air est chargé d'électricité ; un orage se prépare au loin. Dans l'étrange lumière de jade qui couve dans le canyon, je peux faire la différence entre les branches tombées d'elles-mêmes et les bois blanchis par l'ouvrage du temps et d'animaux depuis longtemps disparus.

Parfois, le groupe s'immobilise d'un seul coup, alerté par le murmure d'une conscience qui habite ces lieux. Quant à moi, même si je n'entends pas cet appel, mes sens sont interpellés ; je ressens le murmure.

Comme notre petite troupe se rapproche de la maison, je remarque que les aînés de la meute sont motivés par l'appétit qui les gagne. La soif et la faim se font sentir. Je vois qu'un vent soulève la poussière du Colorado, mais son voyage a certainement débuté sur un autre continent par un soubresaut du jet-stream. Un papillon cligne des ailes et le reste du cosmos en ressent le vent.

Je me le rappelle, j'étais d'une délégation en Chine. Une tempête de sable du désert mongolien avait soufflé jusqu'aux portes de Beijing et était entrée dans Shanghai. La pneumonie avait touché tous les gens qui m'accompagnaient, mais, dans mon cas, cette provocation de la nature n'avait réussi qu'à renforcer mon système endocrinien. La poussière de l'est renforça la poussière de l'ouest, que j'étais, et ensemble nous devînmes plus fortes et plus déterminées.

Notre pas s'accélère tandis que la descente devient moins abrupte. Nous foulons mon labyrinthe spiralé du haut plateau près de la maison. Là, en guise de cadeau, un de mes amis a fait un arrangement de pierres, dessinant des spirales à l'image du mouvement de la conscience humaine en éveil. J'y viens plusieurs fois par semaine, car, ici, mes problèmes trouvent plus facilement leurs solutions. Terry gambade dans le labyrinthe, consciente du caractère sacré de l'endroit, mais incapable de s'empêcher de jouer. Les autres chiens ralentissent, mais conservent leur avance, sachant que le ranch n'est plus très loin. J'aperçois le banc que j'ai construit pour méditer et, à quelques mètres, deux arbres aux pieds desquels reposent deux roches douces et plates où il fait bon s'asseoir. J'en profite pour faire une pause. Terry s'assoit et semble méditer. Puis, debout sur l'une des deux roches plates en forme de cœur qui marquent l'une l'entrée et l'autre la sortie du labyrinthe, je fais une prière pour trouver la paix intérieure. Le temps d'un long soupir, je me rappelle que Dieu est dans l'air que nous respirons. Lorsque je me remets en route, Terry pourchasse mon ombre.

Je jette un dernier regard sur la montagne couronnée de neige et le canyon où notre marche nous a perdus pendant des heures. Est-ce que ce voile grisâtre serait de la pluie ? Je me tourne vers la Sierra Madre qui se dessine à l'est sur fond de ciel violet, où le soleil découpe sa majestueuse silhouette à chacun de ses levers. À l'ouest, la Perdenal Mountain, élévation rocheuse sacrée pour les Amérindiens, s'impose au paysage avec son faîte plat. Je remercie tout ce qui m'entoure.

Comme nous dévalons la colline du labyrinthe, je remarque que Sheba, Sandy, Spooky et Daisy ont disparu. Je les sais partis à l'étang pour s'abreuver et se rafraîchir. Terry ne les a pas suivis. Elle attend le confort de son palace, où je lui donnerai son bain dans le lavabo. Je lui suis dévouée. Passée une courbe du sentier, je vois que les autres chiens pataugent et s'éclaboussent dans l'eau fraîche. Ils en sortent et se secouent, libérant de leur pelage des gouttelettes qui se gorgent des rayons du soleil décroissant pour nous offrir le plus singulier arc-en-ciel. Terry se tient, royale, la tête haute, patte levée. Elle attend la fin de leurs sottises avant de m'inviter à la suivre dans la maison.

Au loin, j'aperçois un autre chien que je n'ai jamais vu auparavant. Il est dans le jardin. Spooky l'a remarqué, lui aussi, et détale dans le sentier, suivi de près par les trois femelles. Terry est en queue de course. Lorsqu'ils arrivent à la hauteur du Nouveau Chien, ils ne lancent aucun grognement et ne montrent pas les dents. Le groupe forme simplement un cercle autour du nouveau venu. Terry revient vers moi. Je m'inquiète pour le Nouveau Chien. Je rappelle les femelles ; elles obéissent. Spooky et le Nouveau Chien se confrontent, muets. Ni l'un ni l'autre n'osent un geste brusque. Je sais maintenant qu'il s'agit d'un mâle. Le temps s'est arrêté. Ce sera la paix ou la guerre ? Terry se dégage de mes bras et s'approche tranquillement de la scène incertaine. J'attends, comme les autres femelles ; mon cœur bat la chamade. Je sais qu'il ne me faut pas intervenir. Est-il possible que ce Nouveau Chien soit un autre maître spirituel nous apportant sa propre sagesse venue d'autres lieux et d'autres temps ?

Terry se place respectueusement entre les deux mâles. Elle tourne les yeux vers Spooky. Il abaisse les oreilles et se retire. Elle fait maintenant face au Nouveau Chien qui, lui, ne bronche pas. Terry avance nonchalamment vers lui, s'arrête et, avec séduction, se roule sur le dos. Le

Nouveau Chien en reste perplexe. Il se tourne vers un buisson, lève une patte et urine. Spooky reste cloué sur place en simple témoin. Il se déplace ensuite sans grande presse jusqu'au buisson et urine à son tour. Terry se rend alors à côté de cette plante, *elle* lève la patte et *elle* l'arrose ! Elle se détourne calmement. Spooky est assis près du buisson et attend. Après un calme où une éternité s'est dite, le Nouveau Chien s'éloigne sans se presser vers les collines. Je le regarde jusqu'à ce qu'il disparaisse dans le crépuscule. Terry et moi rentrons dans la maison.

Soudainement et bruyamment, la sonnerie du téléphone retentit. Non sans agitation, je réponds. C'est le producteur de l'Irlande du Nord : « Je suis désolé de vous annoncer cela, me dit-il, mais l'argent nous a filé entre les doigts. Notre projet restera donc sur la glace et j'ai le regret de vous annoncer que vous ne pourrez pas visiter notre beau pays. »

Après quelques échanges inutilement désolés, je raccroche et hurle ma joie. Terry me saute dans les bras et m'embrasse. A-t-elle réellement compris ce que je viens d'apprendre ?

Elle fait bondir en tous sens son popotin et de ses pattes, elle fait vibrer sa joie. Elle trouve un jouet et le projette dans les airs pour que je l'attrape. Elle se dirige ensuite droit vers le lavabo pour que je lui nettoie les pattes. Après son bain, je lui donne un petit os et elle tourne trois fois sur elle-même : une fois pour l'esprit, une fois pour le corps et une dernière fois pour l'âme. La voilà qui se blottit dans son petit lit et tombe immédiatement endormie, comme pour me dire : « Je le savais depuis le début ».

Je sors, me dévêtis et me plonge dans le jacuzzi. Daisy est couchée tout près, assoupie dans le soleil couchant. Sheba regarde au-delà des montagnes. Sandy se cache dans les alentours, mais je saisis le passage de Spooky, qui vient de longer la maison, une silencieuse apparition.

Je soupire doucement et réalise que, dans quelques jours, ce sera mon anniversaire.

« Quel cadeau, la vie ! », pensai-je. « Tout se déroule pour le mieux et je suis bénie de la chance des Irlandais. »

Puis, je me souviens de ce que Terry m'a dit un jour : « Donne-moi un os et je serai heureuse… donne-moi une place dans ton cœur et *tu* seras heureuse. »

L'auteure

SHIRLEY MacLAINE, gagnante d'Oscars, trois fois récipiendaire d'Emmy et dix fois récompensée aux Golden Globe, a joué dans plus de cinquante films, a été nominée à six reprises pour recevoir un Academy Award et a reçu l'Oscar de la meilleure actrice en 1984. Défenseur actif des droits et libertés civils, des droits de la femme et du droit à la connaissance spirituelle, Shirley MacLaine a vendu plus de vingt millions d'exemplaires de ses neuf best-sellers, dont son plus récent succès, *Mon chemin de Compostelle*.

Pour plus d'information sur l'exploration de la réalité et de l'amour, visitez le site **www.shirleymaclaine.com**.

Pour obtenir une copie
de notre catalogue
veuillez nous contacter :
AdA
1385, boul. Lionel-Boulet
Varennes, Québec
J3X 1P7
info@ada-inc.com
www.ada-inc.com